KINZAI バリュー叢書

内部監査入門

日本金融監査協会 [編]

一般社団法人 金融財政事情研究会

■はじめに

　本書は、日本金融監査協会主催の研修セミナーの講義内容をもとにして著された内部監査の入門書です。金融機関の内部監査部門に配属された方が、はじめに手にとり、活用していただくことを念頭に書かれたものです。

　本書の構成・内容を紹介する前に、まず、わが国の金融界における内部監査の取り組みについて振り返っておきたいと思います。

　わが国の金融界において、内部監査の重要性が強調されるようになったのは2000年前後のことです。バブル経済が崩壊し、金融機関の経営破綻が相次いだ時期に当たります。多額の公的資金が注入されることになり、金融機関は社会から厳しく批判されました。金融庁や日本銀行も監督・モニタリングの責任を問われました。

　当時、金融機関の内部監査部門は「検査部」と呼ばれ、営業店の事務遂行状況を評価することに主眼が置かれていました。営業店が規程・マニュアルにしたがって事務遂行しているかをチェックして、営業店に「成績」をつけていました。しかし、「検査部」が営業店を臨店して些細な事務ミスを見つけているうちに、本部ではリスクの集中が進み、そして最後には、巨額のリスクが顕在化して、一部の金融機関では、経営が立ち行かなくなったのです。

金融庁は「ワーキング・グループ」を立ち上げて、内部監査の実態をヒアリング調査しました。その結果、金融機関の「検査部」は、経営の実態を把握したり、改善を促すような機能をほとんど発揮していないことが明らかになりました。当時、金融機関の「検査部」には、だれもそのような機能を求めていなかったのです。

　この頃、海外では、1980年代に企業の不祥事件が繰り返されたため、内部統制のあり方について活発に議論されていました。また、内部統制を確立するうえで、リスクベースで内部監査を行うことの重要性についてもすでに指摘されていました。

　1992年、COSOが「内部統制の統合的枠組み」と題する報告書を公表し、1999年、内部監査人協会（IIA）が「内部監査に関する専門職的実施のフレームワーク」を公表しました。いまや、それぞれが内部統制、内部監査のデファクト・スタンダードとして認識されています。

　バーゼル銀行監督委員会も、こうした動きをふまえて、金融機関における内部統制の整備やリスクベース監査の実践を慫慂するサウンド・プラクティス・ペーパーを取りまとめて公表しました。

　2001年、金融庁は、国際的な議論・提言の成果を取り入れ、「金融検査マニュアル」の一部を改訂して、内部統制の整備やリスクベース監査の実践などの記載を充実させました。これを受けて、多くの金融機関が内部監査部門の名称を「検査部」から「監査部」に変更しました。

●**内部統制、内部監査の発展**

1992年　COSOが「内部統制の統合的枠組み」を公表

1998年　バーゼル銀行監督委員会が「銀行組織における内部管理体制のフレームワーク」を公表

1999年　内部監査人協会（IIA）が「内部監査に関する専門職的実施のフレームワーク」を公表

2000年　金融庁が、内部監査・外部監査の実態調査を行うためのワーキング・グループを設置

2001年　バーゼル銀行監督委員会が「銀行の内部監査および監督当局と監査人の関係」を公表

2001年　金融庁が「金融検査マニュアル」を改訂し、内部統制、内部監査に関する記載を充実

2002年　米国SOX法制定

2005年　会社法制定

2006年　金融商品取引法（日本版SOX法）制定

2007年　金融庁が「金融検査マニュアル」を全面改訂

2008年　日本銀行が金融高度化セミナー「内部監査の高度化に向けて」を開催

2008年　リーマンショック、国際金融危機の拡大

2010年　バーゼル銀行監督委員会が「コーポレート・ガバナンスを強化するための諸原則」を公表

2011年　日本金融監査協会設立

内部監査部門の名称は「検査部」から「監査部」へと変わりましたが、その実態はというと、さほど変わらなかったように思います。2000年代の初頭の時点では、「リスクベース監査」に本格的に取り組んだ金融機関は少数でした。
　この頃、リスクベース監査を普及させるため、国際的な内部監査基準（IIA基準）を解説する研修セミナーを開催しても、受講者は数名しか集まらず、講師の数よりも少ないという有り様でした。

　その後、海外では、エンロン事件、ワールドコム事件などを契機にして、内部統制の重要性がさらに強調されるようになり、米国では、2002年、SOX法が制定されました。
　日本でも、大和銀行ニューヨーク支店で巨額の損失隠し事件が起き、その株主代表訴訟の判決で、取締役には内部統制システムを構築する義務があるとの判断が示されました。そして、日本版SOX法整備の必要性が叫ばれ、2005年、会社法の制定により内部統制システムの基本方針の策定などが義務づけられました。また、2006年、金融商品取引法が制定され、内部統制報告書の作成・提出が求められるようになりました。
　このように内部統制を構築する必要性が社会で強く認識されるようになると、内部統制の有効性を検証する「内部監査」への要請も高まっていきました。
　2007年、金融庁は「金融検査マニュアル」を全面的に改訂しました。バーゼルⅡへの対応を図るのが主眼でしたが、新しい

「金融検査マニュアル」では、1〜2頁に1回の頻度で「内部監査」という言葉が記載されるほど、内部監査の重要性が一段と強調されました。

金融庁検査では、事前に内部監査部門長を呼び出し、経営の課題を尋ねるようになりました。そして実地検査においても、内部監査部門の機能度を厳しくチェックするようになりました。

日本銀行は、2008年、全国の金融機関の内部監査人約500名を集め、「リスクベース監査」の考え方を理解し、実践することを呼びかける金融高度化セミナーを開催しました。その後、同セミナーは全国主要都市で開催されました。

この頃から、わが国の金融機関でも、内部監査のあり方を見直し、「リスクベース監査」に取り組む先が急速にふえていきました。現状、多くの金融機関が「リスクベース監査」の実践段階にあります。

2000年当時、「検査部」の実態調査を行った金融庁の責任者に、最近の「内部監査」について、どのようにみているのか、お尋ねしたことがあります。「当時、金融検査マニュアルに内部監査機能の強化を盛り込んだものの、正直なところ、内部監査が本当に機能するようになるとは思っていなかった。しかし、10年余を経過し、内部監査は驚くほど変わった。まだ不十分な点はあるにせよ、リスクベース監査が実践されるようになり、自律的な経営改善の機能を担うのだ、という気概にあふれた内部監査人が現れたことは、まさに隔世の感がある」と述懐されたのは、大変、印象的でした。

リーマンショック、国際金融危機の拡大を受けて、リスクベース監査を実践するなかで、リスク管理態勢の改善を促すことの重要性が再認識されました。実際、バーゼル銀行監督委員会が、2010年に公表した「コーポレート・ガバナンスを強化するための諸原則」をみると、ペーパーの最後に、その点が指摘されています。

　リスクベース監査を実践し、リスク管理態勢の改善を促すことができる内部監査人の育成、専門的能力の向上が急務となっています。

　2011年、金融界の有識者約60名が集まり、こうしたニーズに応えるための専門的組織をつくる必要があるとの共通認識が示され、日本金融監査協会が設立されました。

　日本金融監査協会では、内部監査人やリスクマネージャーの育成、専門的能力の向上を目的にして、さまざまな研修セミナーを企画・開催しています。

　本書は、日本金融監査協会主催の研修セミナーの講師4名がそれぞれの講義内容をもとにして著した内部監査の入門書です。

　本書の内容・構成を紹介すると、まず、第1章では、国際的な内部監査基準（IIA基準）や金融検査マニュアルをふまえて、内部監査人として知っておくべき内部監査の基礎知識を整理します。内部監査とは何か、その目的と機能、要件などを理解することが重要です。

第2章では、リスクベース監査の実務について解説します。内部監査人は、リスクベース監査の基本的な流れを理解して、各段階で行う監査実務を習得する必要があります。どの段階においても、リスクベースの視点が重要となります。

　第3章から第5章は、内部監査の専門的能力を高めるための各論です。第3章では、リスク管理態勢の監査ポイント、第4章では、コンプライアンス態勢の監査ポイント、第5章では、システム監査のポイントを取り上げて解説します。

　内部監査の基準や手順を理解しただけでは、実際の内部監査を行うことはできません。金融機関を取り巻くリスクは多様で複雑であり、内部統制の手法も高度化しています。内部監査人は、監査対象となる業務・拠点のさまざまなリスクを特定し、内部統制の態勢が整備されているかを見極めるだけの専門性を身に付けなければなりません。

　紙幅の制約もあり、本書では扱えなかったトピックもありますが、内部監査の入門書として、初心者が知っておくべき重要な事項について、おおむねカバーすることができたのではないかと考えています。

　本書が、より多くの内部監査人のガイドとなり、専門職としての意欲と矜持をもって内部監査に取り組む助けとなれば幸いです。

●執筆者

代表者　碓井茂樹　　（FFR＋、日本銀行）

　　　　伊佐地立典（有限責任監査法人トーマツ）

　　　　行方洋一　　（ブレークモア法律事務所）

　　　　福島雅宏　　（有限責任監査法人トーマツ）

●執筆分担

　監修　　碓井茂樹
　第1章　碓井茂樹
　第2章　碓井茂樹、伊佐地立典
　第3章　碓井茂樹
　第4章　行方洋一
　第5章　福島雅宏

　執筆者のバックグラウンドを示すため、それぞれが所属する団体・組織を記載しましたが、本書における意見やコメントは当該団体・組織の見解を代表するものではありません。また、当該団体・組織がこれを保証・賛成・推奨等するものでもありません。

●日本金融監査協会

　主に金融の分野でリスク管理、監査等に携わる高度な人材の育成を支援し、リスク管理と監査等の発展に貢献することを目的に設立。

　各分野の専門家、実務家の協力・支援を得て、実費相当の価格で、リスク管理機能と監査機能の高度化に役立つ良質な研修セミナーを企画・開催している（非営利の活動）。

●ホームページ

http://www.ifra.jp

●研修セミナー

● 特別研究会・オープンセミナー（無償）

● パネルディスカッション（無償）

目　次

第1章 内部監査の基礎知識

1 内部監査とは……2
(1) 内部監査の定義……2
(2) 内部監査の目的……3
(3) 内部監査の機能……5
(4) 内部監査の要件……7
2 リスクベース監査とは……16
(1) リスクベース監査の意義……16
(2) リスクベース監査の手法……19
(3) 本部監査と営業店監査……23
3 オフサイト・モニタリングとは……26
(1) オフサイト・モニタリングの意義……26
(2) オフサイト・モニタリングの実践……27
(3) 継続的なリスク評価……28
4 CSAとは……30
(1) CSAの起源と発展……30
(2) 内部監査とCSA……31
5 内部監査の品質評価とは……34
(1) 品質評価の意義……34
(2) 品質評価の方法……35

6	三様監査とは	38
(1)	三様監査	38
(2)	連携の重要性	39

第2章
リスクベース監査の実務

1	内部監査の基本的な流れ	44
(1)	リスクベース監査の考え方	44
(2)	リスクベース監査の流れ	46
2	リスク評価の実施	48
(1)	経営陣へのインタビューの実施	48
(2)	オフサイト・モニタリングによる情報収集	49
(3)	リスク評価の手法	50
(4)	本部業務、営業店業務のリスク評価	52
3	監査計画の策定	56
(1)	年度計画の策定	56
(2)	中長期計画の策定	62
4	個別監査の実施	64
(1)	監査通知	64
(2)	予備調査	66
(3)	監査プログラムの作成	68
(4)	実地監査	71
(5)	エグジット・ミーティング	73

5 監査報告書の作成 ... 74
- (1) 監査報告書の作成、配布 ... 74
- (2) 監査報告書の記載内容 ... 75
- (3) 監査報告書の重み ... 77

6 フォローアップ ... 78
- (1) フォローアップの重要性 ... 78
- (2) フォローアップ責任者 ... 78
- (3) 改善報告書の徴求 ... 79
- (4) フォローアップ管理表の作成 ... 80
- (5) 経営陣へのフォローアップ報告 ... 81
- (6) フォローアップの終了 ... 81

7 内部監査の品質評価・改善 ... 82
- (1) 品質評価・改善の必要性 ... 82
- (2) 品質評価の態勢整備 ... 83
- (3) 内部評価 ... 84
- (4) 外部評価 ... 85
- (5) 内部監査の改善・高度化 ... 89

第 3 章

リスク管理態勢の監査ポイント

1 リスク管理態勢の整備 ... 92
- (1) 金融危機後の国際的な議論・提言 ... 92
- (2) リスクアペタイト・フレームワーク ... 93

- (3) 包括的なリスクの把握⋯⋯96
- (4) VaRの限界⋯⋯98
- (5) ストレステストとシナリオ分析⋯⋯100
- (6) リスクコミュニケーション⋯⋯104

2 リスク管理態勢の監査⋯⋯106
- (1) リスク管理態勢の評価、改善⋯⋯106
- (2) 専門的能力の確保⋯⋯108

3 リスク計測手法の監査ポイント⋯⋯110
- (1) リスク計測手法の文書化⋯⋯111
- (2) リスクプロファイルとリスク計測手法の整合性⋯⋯112
- (3) リスク計測の前提の妥当性⋯⋯113
- (4) リスク計測の対象範囲の妥当性⋯⋯114
- (5) 観測データ・セットの正確性、完全性⋯⋯115
- (6) バックテストの実施状況⋯⋯116
- (7) ストレステスト、シナリオ分析⋯⋯117

第4章

コンプライアンス態勢の監査ポイント

1 コンプライアンス態勢の整備⋯⋯120
- (1) コンプライアンスの意味⋯⋯120
- (2) コンプライアンス態勢整備のポイント⋯⋯124

2 コンプライアンス態勢の監査ポイント⋯⋯132
- (1) 「横」と「縦」からの検証⋯⋯132

(2)	検証の着眼点 135

3　反社会的勢力との関係遮断の監査ポイント 140
(1) 反社会的勢力の定義・範囲 140
(2) 態勢整備・検証のポイント 142

4　不祥事件防止態勢の監査ポイント 146
(1) 不正のトライアングル 146
(2) 態勢整備・検証のポイント 148

5　コンプライアンス態勢の改善 150
(1) 形骸化を招く要因 150
(2) 実効性を高めるために 151

第5章 システム監査のポイント

1　システム監査とは 154
(1) システム監査の定義 154
(2) ITコントロール 155
(3) システム監査の指針、ガイドライン 157

2　システムリスク管理態勢の監査 160
(1) 金融検査マニュアルの構成 160
(2) 経営陣が果たすべき役割・責務 161
(3) システムリスク管理部門が果たすべき役割・責務 162
(4) 個別の問題点 164

3　IT環境の変化と今後の課題 170

⑴ 金融情報システムの信頼性への要求の高まり 170
⑵ 大規模プロジェクトの展開 171
⑶ クラウド・コンピューティングの進展 172

【参考文献・資料】 174

第1章 内部監査の基礎知識

1 内部監査とは

(1) 内部監査の定義

内部監査人協会（IIA）では、内部監査を、以下のとおり定義しています。

> **●内部監査の定義**
> 内部監査は、組織体の運営に関し価値を付加し、また改善するために行われる、独立にして客観的なアシュアランスおよびコンサルティング活動である。
> 内部監査は、組織体の目標の達成に役立つことにある。このためにリスクマネジメント、コントロールおよびガバナンスの各プロセスの有効性の評価、改善を、内部監査の専門職として規律ある姿勢で体系的な手法をもって行う。
> （注） 上記は、日本内部監査協会（IIA-JAPAN）が翻訳し、同協会ホームページで公開している定義。

はじめて内部監査の定義を読まれた方には、なじみのない言葉もあって意味をとらえにくいかもしれません。しかし、内部監査の定義をみると、内部監査の「目的」と「機能」が明確に記載されています。

(2) 内部監査の目的

内部監査の定義をみると、内部監査の「目的」に関しては、以下のとおり、記載されています。

> ●**内部監査の目的**（定義より抜粋）
> 内部監査は、組織体の運営に関し価値を付加し、また改善するために行われる（中略）活動である。
> 内部監査は、組織体の目標の達成に役立つことにある。

内部監査は経営の要請を受けて行うものです。したがって、内部監査の目的は「経営に役立つ」ことにあります。換言すれば「経営に付加価値を与える」ことといってもよいでしょう。

では、「経営に役立つ内部監査」あるいは「経営に付加価値を与える内部監査」とは、いったい、どんなものでしょうか。

組織体には目標があります。目標達成を妨げる可能性のことを「リスク」と呼びます。また、「リスク」を顕在化させずに目標達成に導くための措置のことを「内部統制」と呼びます。

内部監査の目的は、経営目標の達成を妨げる「リスク」を識別し、リスクの顕在化を防ぐ「内部統制」の有効性を評価することを通じて、経営目標の達成を支援することにあります。

内部監査で「内部統制」の有効性が確認されれば経営陣も安心するでしょう。反対に、未対処の「リスク」を見つけて経営陣に対し「警告」するとともに、関係する役職員に対し「リスク

の削減」と「内部統制の強化」を働きかけることで、経営の改善を図ることができます。

また、株主、顧客、金融当局などのステークホルダーからリスクへの備えができているのか、問われる機会が一段とふえています。内部監査の検証結果があれば、「内部統制」に関する「説明責任」を果たすことができます。

さらには、内部監査で「規程・ルールの遵守状況」を確認し、違反・逸脱行為が起きないよう「牽制」することができます。

これらすべてが、内部監査が経営に与える「付加価値」であると考えられます。

●**内部監査の付加価値**

① 経営を取り巻く「リスク」に対する「内部統制」の有効を確認し、経営陣に「安心感」を与える

② 「内部統制」が効いていない「未対処のリスク」を見つけて経営陣に「警告」を与える。

③ 関係する役職員に対して「リスクの削減」、「内部統制の強化」を促す。

④ 株主、顧客、金融当局などのステークホルダーに対して、内部監査の検証結果をもとに「説明責任」を果たす

⑤ 役職員の「規程・ルールの遵守状況」を確認し、違反・逸脱行為が起きないように「牽制」する。

(注) FIAPワーキンググループ（2007）をもとに作成。

(3) 内部監査の機能

内部監査の定義をみると、内部監査の「機能」に関しては、以下のとおり、記載されています。

> ●**内部監査の機能（定義の抜粋）**
> 内部監査は（中略）独立にして客観的なアシュアランスおよびコンサルティング活動である。
> リスク・マネジメント、コントロールおよびガバナンスの各プロセスの有効性の評価、改善を（中略）行う。

定義の記述から、内部監査には「保証機能」（アシュアランス）と「提言機能」（コンサルティング）の2つの機能があることがわかります。

「保証機能」とは、内部監査で検証した結果、内部統制に問題がなければ、組織体の目標達成を合理的に保証する（アシュア）ことになるので、そう呼ばれます。内部統制に問題があっても、解決すれば、目標達成を合理的に保証するので「保証機能」と呼ばれます。

「提言機能」は、簡単な助言から、文字どおり本格的なコンサルティングまでを含む広い概念です。一般に、内部監査で評価した結果にもとづいて改善が図られていくので、多くの場合、「提言機能」は「保証機能」の延長線上にある、と考えられています。

内部監査の実践において、「保証機能」に加えて「提言機能」にどれだけ重点を置くかは経営の考え方によります。内部監査は、経営の要請を受けて行うものですので、最終的には経営が決める問題です。
　「提言機能」は、内部監査の付加価値を高めるものですが、その提言の採択にかかわると、「内部監査の客観性を侵害する」という問題が生じます。採択に関与しないまでも、詳細な助言を与えるとなると、その懸念が生じます。

　従来、わが国の金融機関においては、客観性の侵害を回避するため、内部監査では問題点を指摘するにとどめ、助言、提言を行うことに対しては慎重な先が多かったと思います。
　しかし、内部監査の重要性が高まり、内部監査部門に投入する経営資源がふえ、被監査部門が受ける負担が増加するにつれて、内部監査は「客観性を侵害しない範囲で、助言、提言を積極的に行って組織に貢献すべきである」との考え方をとる金融機関がふえました。
　金融庁「金融検査マニュアル」をみると、内部監査の定義が記載されています。そこには、内部監査は「被監査部門等における内部管理態勢の適切性、有効性を検証するプロセスである。このプロセスは、被監査部門等における内部事務処理等の問題点の発見・指摘にとどまらず、内部管理態勢の評価及び問題点の改善方法の提言等までを行う」と書かれています。

(4) 内部監査の要件

内部監査が組織内で有効に機能し、その目標の達成に役立つためには、満たすべき「要件」があります。具体的には、以下の4つの要件ですが、いずれもIIA基準や金融検査マニュアルのなかで、その重要性が指摘されています。

① 目的、権限、責任の明確化
② 独立性と客観性の確保
③ 専門的能力の確保
④ フォローアップによる改善の促進

a 目的、権限、責任範囲の明確化

内部監査の基本方針、内部監査規程を策定するなかで、内部監査の「目的」「権限」「責任範囲」の明確化を図ることが重要です。

経営陣は、内部監査の「目的」を明らかにし、内部監査部門に対して、組織上の「地位」や内部監査を行う「権限」を与えます。このことにより、内部監査の「責任範囲」も決まります。

一般に、経営陣による内部監査の「目的」「権限」および「責任範囲」の承認は、次に示す内部監査部門の独立性と客観性を高めると考えられています。

b　独立性と客観性の確保

　内部監査の「独立性」と「客観性」の確保は、被監査部門から信頼を得て、協力を取り付けるうえで必要不可欠な要件です。

　具体的には、①内部監査部門が、組織上、独立していること、②経営陣に対する直接の報告ラインを確保していること、③内部監査人が公正不偏の態度を保つこと、この３つが、内部監査の「独立性」と「客観性」を確保するうえで重要な要素となります。

　ここでは「独立性」「客観性」が侵害されている、とみなされる事例を２つあげておきます。

　１つは、内部監査部門長が他部門を兼担している事例です。中小金融機関において、内部監査部門の担当役員が他部門の役員を兼任していることがあります。IIA基準や金融検査マニュアルにおいて、内部監査部門長が他部門を兼担することは禁止されているわけではありませんが、弊害防止措置を講じることが必要となります。
　内部監査部門長は、兼担部門の内部監査に係る事前協議、実施および結果報告に関して、ラインから外れ、関与しないことを組織内に周知する必要があります。

もう1つは、内部監査人が、直前に従事していた業務の監査を行う事例です。

　IIA基準や金融検査マニュアルでは、内部監査人が直前に従事していた業務の監査を行うことは客観性を侵害するため、原則、認めていません。

　ただし、IIA基準では、「直前」の定義について「1年以内」と例示していますので、内部監査部門に異動して、1年以上経過すれば、前任部門の業務の監査を行うことは客観性を侵害しないと解釈されます。

　金融検査マニュアルでは、内部監査人が「直前に従事していた被監査部門等の監査を行うこと」のほかに、「連続して同一の被監査部門等の同一の監査に従事すること」を回避するように努めることを求めています。

c　専門的能力の確保

　内部監査を行う権限が与えられても、内部監査人の能力が不十分では有効な内部監査を行うことはできません。内部監査人は、内部監査の遂行に必要な知識、スキルを身に付ける必要があります。

　いまや、内部監査の遂行に必要な知識、スキルは、きわめて広範にわたります。監査基準、監査技術、内部統制のフレームワークのほか、会計、財務、税務、法律、コンプライアンス、リスク計測手法、システムなど、列挙すれば切りがありません。

内部監査人全員が、すべての分野の知識、スキルを身に付けることはできません。したがって、内部監査部門全体として、内部監査の遂行に必要な知識、スキルを有する要員をそろえて、チーム・プレーで内部監査を行うことが重要です。

　そもそも内部監査人に求められる専門的能力とは、何でしょうか。それは、①各業務におけるリスクを識別する能力、②コントロールの有効性を評価する能力、そして、③プロセスの改善を促す能力の3つです。

　この3つの専門的能力を発揮するためには、各分野の専門知識、スキルを習得するだけではなく、監査の現場で情報を収集し、問題点を発見し、その原因を分析して改善提案を行うだけのヒューマンスキルを身に付けることが求められます。

図表1-1　内部監査人に求められる専門的能力

◆ リスクを識別する。
◆ コントロールの有効性を評価する。
◆ プロセスの改善を促す。

（知識）
- 監査基準、監査手続、監査技術
- 内部統制のフレームワーク
- 会計、財務、税務
- 法律、コンプライアンス
- 金融工学、リスク計測手法
- システムリスク等

（ヒューマンスキル）
- 情報収集能力
- 問題発見能力
- 原因分析能力
- 改善提案能力
- コミュニケーション能力

（注）　FIAPワーキンググループ（2007）をもとに作成。

専門的能力を有した要員が不足する分野では、外部専門家への外部委託（アウトソース）や共同監査（コ・オーディット）を検討することになります。

　たとえば、海外拠点の内部監査などは、費用対効果の観点から、外部委託（アウトソース）の典型的な対象と考えられてきました。しかし、今後、海外業務の積極展開を考えている金融機関では、全社的な内部統制を導入したり、統一的な視点で内外拠点の内部監査を実施する必要があります。このため、内部監査を外部委託するにしても、「丸投げ」にするのではなく、計画、実施の各段階での関与を強めることが重要になります。

　また、リスク計測手法に関する検証やシステム監査などの高い専門性を求められる分野では、外部専門家との共同監査（コ・オーディット）が有効と考えられます。外部専門家とともに内部監査を行うことで、専門知識、スキルが組織内に蓄積されるからです。

　従来、わが国の金融機関では、内部監査の外部委託（アウトソース）や共同監査（コ・オーディット）の実施には必ずしも積極的ではありませんでした。しかし、金融機関経営を取り巻く環境の変化は、年々、激しくなり、直面するリスクも多様化、複雑化しています。内部監査部門の人材育成のスピードが内外の環境変化に追いつかなくなる前に、内部監査の外部委託（アウトソース）や共同監査（コ・オーディット）の実施を検討する金融機関がふえています。

d　フォローアップによる改善の促進

　フォローアップによる改善の促進は、内部監査に求められる要件のなかでも最も重要なものです。

　なぜなら、内部監査で、たとえ多くの問題点を発見し、指摘したとしても、それらが最終的に改善されなければ、内部監査の意義はまったくないといっても過言ではないからです。内部監査の指摘事項に対する改善状況をフォローアップすることはきわめて重要です。

　しかし、一口にフォローアップといっても、容易な作業ではありません。

　被監査部門に対し、フォローアップ報告書の作成と提出を求め、何度か督促して、ようやく報告書をそろえても、その内容をみると改善がほとんど進んでいないことがわかったりします。あるいは、厚いフォローアップ報告書を経営陣に回覧しても、折り目もつかずに戻ってきたりします。

　フォローアップが効果をあげるためには、関係者に問題点を十分に理解してもらい、意欲をもって、改善に取り組んでもらうことが不可欠です。

　内部監査が関係者の意識を変えることができなければ、組織全体で「PDCAサイクル」を回すことはできず、内部監査が組織に価値を与えることはできません。

フォローアップによる改善を促進するためのポイントは、改善の進捗状況を書面で厳格に管理することではありません。重要なのは、関係者の意識に働きかけて、リスク認識を高め、内部統制への取り組みを強化するように促すことです。現場の意識が変われば、フォローアップ報告が遅滞したり、内容が形骸化することはなくなります。

　関係者の意識に働きかけるには、さまざまな工夫が必要になります。
　たとえば、経営陣へのフォローアップ報告は、書面で行われるのが通常ですが、いくつかの金融機関では、内部監査部門が主導して、四半期ごとにフォローアップ会合をセッティングするようになりました。

図表1－2　フォローアップへの経営陣の関与強化

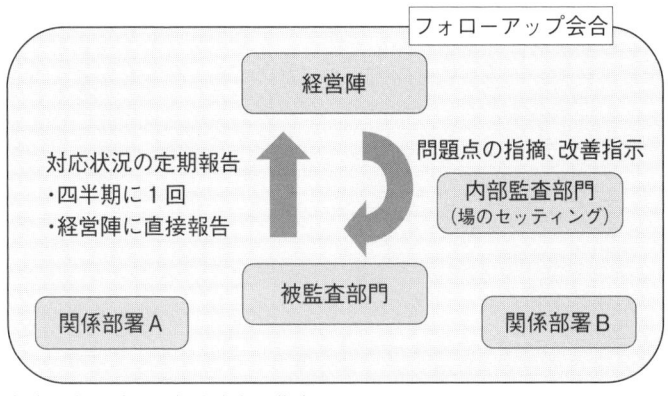

（注）　碓井（2008a）をもとに作成。

被監査部門は、経営陣に対して四半期ごとに改善状況の報告をすることになるため、改善への取り組みが自然にスピードアップします。また、経営陣の意識も、おのずとフォローアップへの関与を強め、改善を促す方向に向かいます。

　また、内部監査の最終局面で、関係者を集め、エグジット・ミーティングを開催することがあります。このとき、内部監査人はファシリテーターとなって、関係者全員で、問題点の共有を図り、対応策を協議して、関係者全員で対応策の実行を合意することが重要です。

図表1-3　エグジット・ミーティング（関係者との連携）

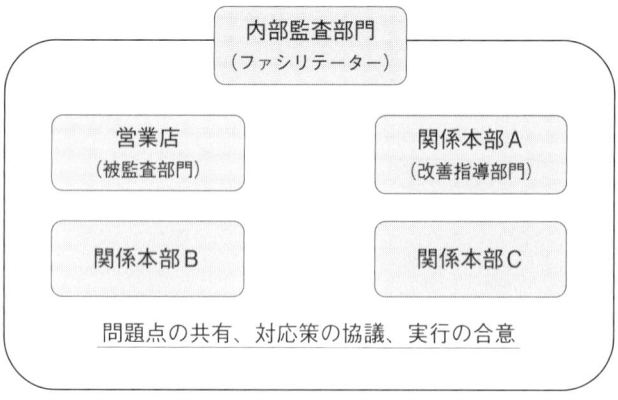

（注）　FIAPワーキンググループ（2007）をもとに作成。

特に、被監査部門が営業店の場合、改善指導部門に必ず協議への参加を求め、改善に向けた助言をしてもらったり、改善状況の進捗を管理してもらうようにします。内部監査の結果を活かして、組織全体でPDCAサイクルを回すためには、関係者との連携を忘れてはいけません。

2 リスクベース監査とは

(1) リスクベース監査の意義

リスクベース監査とは、相対的にリスクの重要な分野に対し、より多くの監査資源を投入する手法です。リスクベース監査では、リスクの重要度に応じて監査計画を策定したり、監査要点を絞り込みます。

リスクベースで内部監査を実践すると、その実効性があがり、監査資源が節約できます。

図表1-4、1-5をみてください。リスクにフォーカスしない内部監査の手法（図表1-4）では、業務の多様化、複雑化が進むと、所要監査資源が大幅にふえてしまいます。大きなリスクも小さなリスクも同じように検証するため、必ずしも実効性があがらないかもしれません。

これに対して、リスクベース監査（図表1-5）では、リスク事象を事前に分析して受容可能なレベルのリスク事象は、監査対象から外し、大きなリスクにフォーカスして、監査資源を重点配分しますので、内部監査の実効性があがります。また、所要監査資源の増加も少なくてすみます。

図表1−4　リスクにフォーカスしない場合

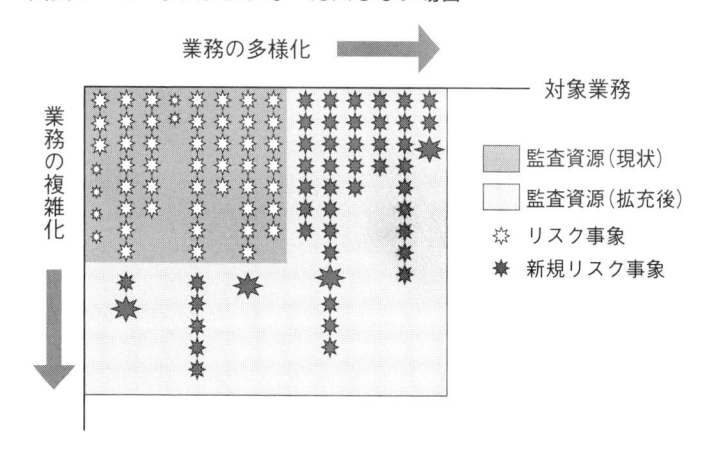

業務の多様化 →

対象業務

業務の複雑化 ↓

- 監査資源(現状)
- 監査資源(拡充後)
- ☆ リスク事象
- ✹ 新規リスク事象

業務の専門性
(注)　FIAPワーキンググループ（2007）をもとに作成。

図表1−5　リスクにフォーカスした場合

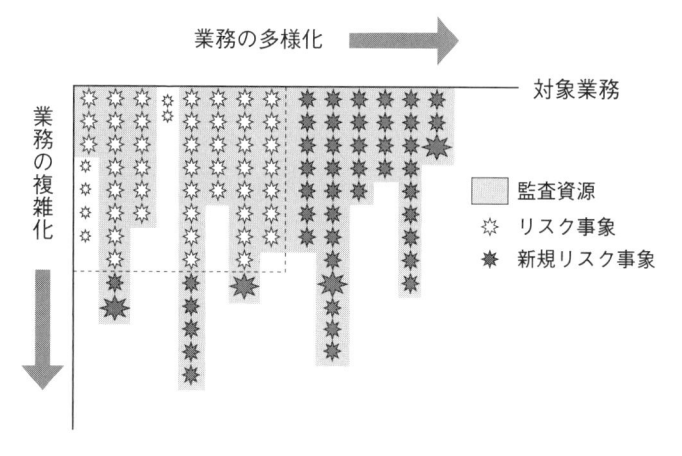

業務の多様化 →

対象業務

業務の複雑化 ↓

- 監査資源
- ☆ リスク事象
- ✹ 新規リスク事象

業務の専門性
(注)　FIAPワーキンググループ（2007）をもとに作成。

監査計画の策定段階では、リスク評価の結果にもとづいて、内部監査部門全体のマンパワーをどの監査対象に重点配分するかを決定します。このとき、マンパワーが質・量の点で不十分であれば、増員を検討したり、監査要員の育成を計画します。必要に応じて内部監査の外部委託（アウトソース）や共同監査（コ・オーディット）を検討するのも、このときです。

　監査プログラムの作成段階では、予備調査の結果にもとづいて、監査チームのマンパワーをどの監査要点に重点配分するかを決定します。

　リスクベース監査の流れのなかで、リスク評価と予備調査が、最も重要な役割を果たします。このリスク評価と予備調査には、十分な時間をかけるだけの価値があります。

図表1-6　内部監査の基本的な流れ

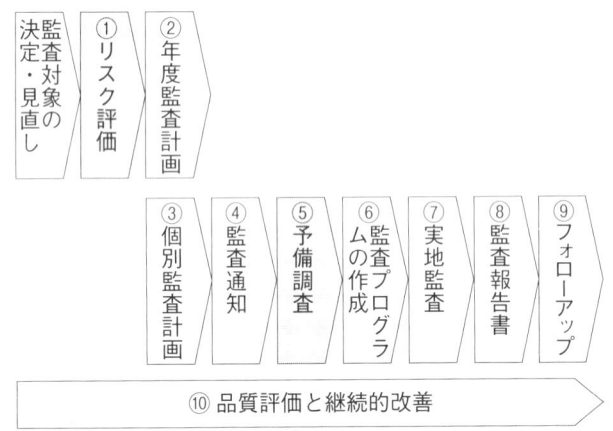

監査対象の決定・見直し → ① リスク評価 → ② 年度監査計画 → ③ 個別監査計画 → ④ 監査通知 → ⑤ 予備調査 → ⑥ 監査プログラムの作成 → ⑦ 実地監査 → ⑧ 監査報告書 → ⑨ フォローアップ

⑩ 品質評価と継続的改善

（注）　FIAPワーキンググループ（2007）をもとに作成。

⑵ リスクベース監査の手法

それでは、リスクベース監査には、具体的には、どのような手法があるのでしょうか。さまざまな手法がありますが、以下に典型的な手法を3つあげました。

a 拠点別監査

最もオーソドックスなのは、拠点別にリスク評価を実施して内部監査の計画を策定する手法です。

一定の基準で、拠点別にリスクを評点化し、評点区分に応じてリスクが高い拠点をH（High）、リスクが中程度の拠点をM（Middle）、リスクが低い拠点をL（Low）とランク付けします。

そして、たとえば、H（High）のリスク評価を受けた拠点は1年に1回、内部監査を重点的に実施します。M（Middle）のリスク評価を受けた拠点は2年に1回、L（Low）のリスク評価を受けた拠点は3年に1回の頻度で内部監査を実施します。

なお、本部と営業店を比較すると、リスクは本部に集積しており、営業店のリスクは相対的に小さいと考えられます。営業店監査を3年に1回程度に抑える一方、本部の主要部署の監査の実施頻度を1年に1回に引き上げる金融機関もみられます。これは、リスクベース監査の基本的な考え方に合致したものといえます。

b　リスクカテゴリー別監査

　市場リスク管理態勢、信用リスク管理態勢、オペレーショナルリスク管理態勢など、リスクカテゴリー別に本部監査を行ってリスク管理プロセスを検証する手法もあります。

　組織横断的な視点で、リスク管理プロセスの検証を行うことができるため、多様な業務を取り扱う金融機関では、内部監査の実効性があがると考えられています。

　リスクカテゴリー別の内部監査では、みずからのリスクプロファイルを分析し、重要な監査要点とさほど重要でない監査要点を区別します。重要な監査要点については、監査の実施頻度を高めたり、より多くのマンパワーを投入したりして徹底した検証を行う必要があります。

　「金融検査マニュアル」がリスクカテゴリー別に策定されており、金融庁検査の際に自己評価の提出を求められるため、リスクカテゴリー別に本部監査を行う金融機関がふえました。しかし、誤解のないよう注意を喚起しておくと、リスクの重要度を考慮せず、「金融検査マニュアル」の全項目を形式的に検証しているだけでは、リスクベース監査の考え方には合致しません。

　なお、リスクカテゴリー別の自己評価は、リスクオーナーである各業務部門が行い、内部監査部門がレビューのうえ、金融庁に提出する形態をとっても問題ありません。

c　テーマ別監査

　経営が直面しているリスクを分析して、年度初に監査テーマをリストアップしたうえで、重要度の高い順に内部監査を実施するという手法もあります。

　監査テーマは期中に見直しを行い、重要度が高まったテーマに関しては、監査実施の優先度をあげます。

　証券会社やインベストメントバンクなどでは、取り扱う業務や商品が短期間のうちに変化します。ファンドを組成し、半年間で募集して販売終了ということもありえます。したがって、1〜3年の周期で、順番に業務プロセスを検証するのでは間に合わない可能性があります。

　取り扱う業務・商品の変化が激しい金融機関では、経営が直面する喫緊のテーマを優先的に検証する「テーマ別監査」の実施が有効です。

　テーマの選定は経営陣の懸念事項をふまえて行うのが一般的です。「テーマ別監査」の結果、問題が発見されても、何の問題がなくても、経営陣からは「監査を行ってよかった」と評価されます。「テーマ別監査」は、他の監査手法に比べて、経営からみて付加価値が高いといえます。

　しかし、「テーマ別監査」には留意すべき点があります。優先度の高いテーマの監査を続けることで、選定されたテーマと無関係の拠点や業務に関しては、重要なリスクを見落とす可能性があります。

図表1−7　星取り表

	業務1	業務2	・・・	拠点1	拠点2	・・・
テーマ1 (200X/X月)	○				○	
テーマ2 (200X/Y月)	○	○		○		
テーマ3 (200X/Z月)		○		○		

(注)　碓井（2008a）をもとに作成。

　したがって、一定期間内に、すべての拠点や業務を網羅的に検証したことを確認する必要があります。毎回の「テーマ別監査」で検証した拠点や業務を管理するため、図表1−7のような「星取り表」を作成するなどの工夫が必要です。

d　監査手法の組合せ

　上記の監査手法を組み合わせることにより、内部監査の有効性を高めることができます。実際、金融機関の事例をみると、本部監査について「拠点別監査」や「リスクカテゴリー別監査」を主体に行い、経営課題、経営陣の懸念事項に関する「テーマ別監査」を補完的に実施するケースがふえています。

(3) 本部監査と営業店監査

a 本部監査と営業店監査のウェイト

　かつて、日本の金融機関の内部監査部門は「検査部」と呼ばれ、その主な任務は、営業店における規程・マニュアルの遵守状況を検証して、その結果をもとに営業店の成績をつけることでした。

　しかし、名称が「監査部」に変わり、リスクベース監査を実践していくなかで、本部監査と営業店監査のウェイトや営業店監査の位置づけが変わりました。

　本部と営業店のリスク状況を比較すれば、本部に重要なリスクが集積していることは明らかです。

　多くの金融機関が、本部監査に投入するマンパワーを増加させました。いまや本部監査に投入するマンパワーは、営業店監査に投入するマンパワーとほぼ同等か、あるいは、それを上回るようになっています。

b 営業店監査と本部監査の連携

　営業店監査を行う目的も変わりつつあります。営業店の成績をつけることは内部監査の主目的ではありません。営業店監査で得られた情報を活用することによって、本部監査の実効性を高め、経営改善に活かすことが重要であるという認識が広がっています。

たとえば、営業店監査の結果、規程や本部からの指示が複数の営業店で遵守されていないという事実がわかったとします。こうした情報を本部監査に引き継いで、その理由・背景を調査すると「規程や本部指示が営業店の実情に必ずしも合っていなかった」ことが判明するかもしれません。営業店監査チームと本部監査チームが連携することによって、付加価値の高い改善提案を行うことができるようになります。

　さらに一歩進めて、本部監査チームが営業店をサンプル抽出して監査を実施する先も出てきました。これは、本部から営業店へと至る業務プロセス全体を検証するためには、同一チームが本部監査と営業店監査の双方を行ったほうがよいという考え方にもとづくものです。なお、このとき、営業店監査に関しては、網羅性を確保する観点から、別途、一定の周期で実施する必要があります。

c　営業店の「抜き打ち」監査

　不正事件・事故の発生防止、抑制の観点から、年1回程度の頻度で営業店の「抜き打ち」監査を行うことには意味があります。

　たとえば、3年に1回の周期で営業店のフル監査を行っている金融機関でも、監査と監査の間にスキが生じたり、不正事件・事故の発生を牽制することを目的として、年1回程度の頻度で営業店の「抜き打ち」監査を実施しています。

しかし、営業店の「抜き打ち」監査は、営業店を「パトロール」することによって、不正事件・事故の発生防止、抑制を目的に行うものであることを忘れてはいけません。したがって、監査資源を使いすぎることのないように監査要点を不正事件・事故の発生防止、抑制に関係するものに限定することが重要です。

　また、いくら「抜き打ち」の監査でも、毎年、同じ監査要点で繰り返し実施していると「予見性」が高まるため、牽制効果が減殺してしまいます。監査要点を、年によって、あるいは、営業店によって変えるなど、運営上の工夫も必要となります。

3 オフサイト・モニタリングとは

(1) オフサイト・モニタリングの意義

リスクベース監査には弱点、限界があります。

たとえば、リスク評価や予備調査が適切に行われない場合、重要なリスクを見落としてしまうことがあります。

普段からオフサイトで被監査部門をモニタリングしておらず、期初のリスク評価や個別監査の予備調査の段階になってはじめて、被監査部門とのコンタクトをとるという状態で、はたして重要なリスクを洗い出すことができるでしょうか。その意味では、オフサイト・モニタリングは、リスクベース監査の基礎をなすといえます。

また、監査周期が長期化すると、時間の経過とともに内外の環境が変化し、新たなリスクが生じる可能性があります。リスクベース監査の実践にあたっては、監査と監査のインターバルを補完するため、オフサイト・モニタリングを行う必要があります。

リスクベース監査とオフサイト・モニタリングは、いわば「車の両輪」であり、ワンセットで態勢を整備してはじめて、内部監査の実効性があがります。

⑵ オフサイト・モニタリングの実践

オフサイト・モニタリングでは、組織全体のリスクの状況が変化していないか、さまざまな方法で注意してみることが重要です。

従来、オフサイト・モニタリングといえば、前回監査の指摘事項への対応状況や自己点検の結果をフォローアップしたり、事件・事故の発生状況を含め、各種リスク指標（KRI）の推移をモニタリングする程度でした。

しかし、最近では、オフサイト・モニタリングを強化するため、業務・部署ごとにオフサイト・モニタリングを行う担当者（RM担当者）を置く金融機関がふえています。

RM担当者は、日頃から担当業務・部署の稟議書の写し、重要会議の資料、規程の改訂通知、本部通達などをみていて、リスク状況に変化がないかを確認します。

このため、重要な経営情報が、もれなく内部監査部門に集まるように組織規程を改正して、オフサイト・モニタリング態勢の徹底強化を図った金融機関もあります。

また、内部監査部門長が、経営の重要事項を協議・決定する会議にオブザーバーとして出席するのは当然ですが、RM担当者も、担当業務・部署の重要会議にオブザーバーとして出席する事例もみられるようになりました。

(3) 継続的なリスク評価

　先進的な金融機関では、RM担当者を配置して、担当業務・部署のリスクの変化を詳細にモニタリングしています。変化の兆しやなんらかの懸念事項があれば、データベースに登録して、管理しています。

　そして、毎月、あるいは、四半期ごとの定例ミーティングで、RM担当者が収集・分析したリスク情報に関して、ブリーフィングを行い、期初に策定した内部監査の計画を変更する必要が生じていないか、協議しています。

　従来、リスク評価といえば、内部監査の計画を策定する期初に行うものでした。組織内の各部署から、さまざまなデータ・情報を入手して、金融機関によっては、複雑な評価式を用いてリスク評価を実施していました。

　しかし、金融危機以降、先進的な金融機関では、オフサイト・モニタリング態勢を強化することを通じて、「継続的なリスク評価」を行う態勢を整備しつつあります。評価式にインプットする定量的なリスク情報だけではなく、RM担当者が収集・分析した定性的なリスク情報も重視するようになりました。

　内外の環境変化が激しくなるなかで、期の途中であっても、内部監査のスケジュールを組み替えたり、特定のテーマを選定して機動的に内部監査を実施するための取り組みとして、注目されます。

●オフサイト・モニタリングの進化

第1段階：各種リスク指標（KRI）のモニタリング

・前回監査の指摘事項への対応状況

・自店検査、自己点検の結果

・事件・事故、事務ミス、顧客トラブルの発生状況

・事務量の変化

・経営会議へのオブザーバー出席（内部監査部門長）

第2段階：RM担当者の配置

・経営会議、リスク管理委員会などの諸資料の分析

・規程の改訂通知、本部通達の受領（発出のつど）

・各業務・部署の重要会議へのオブザーバー出席（RM担当者）

第3段階：継続的なリスク評価の実施

・RM担当者による定性的リスク情報の収集・分析

・毎月、四半期ごとのリスク評価ブリーフィング

・監査計画の組替え

・機動的なテーマ監査の実施

4　CSAとは

(1) CSAの起源と発展

　CSA（コントロール・セルフアセスメント）は、1987年、カナダの石油資源会社Gulf CANADAの内部監査部門によって開発された手法です。当時、Gulf CANADA社では、政府による規制緩和を受けて各事業部門の業務が大きく変わり、どこに重要なリスクがあるのか、また、内部統制が有効に機能しているのかが把握しにくくなっていました。

　そこで、内部監査部門が、各事業部門のマネージャーやスタッフを集めて、10年間で500回以上のワークショップを開催しました。各業務に精通した当事者が重要なリスクの識別と内部統制の有効性を自己評価し、その結果にもとづいて、経営改善に取り組んだことで大きな成果をあげたといわれています。

　このように、CSAは、内部監査を支援する手法として誕生しましたが、その後、不祥事件の多発やリエンジニアリング、総合品質管理（TQM）の動きを背景にして、内部統制ツールとして、多くの企業で導入されるようになり、さまざまなバリエーションが生まれました。

(2) 内部監査とCSA

わが国の金融機関においても、すでにさまざまな目的で、CSAが導入されています。

たとえば、リスク管理部門が、全社レベルの内部統制として、ハイレベルの評価を行うCSAを導入しているケースがあります。また、オペレーショナルリスク管理やJ-SOX対応のために、対象業務・部門を限定する一方で、詳細レベルでの評価を行うCSAを導入しているケースもあります。

他部門が導入したCSAをうまく活用することにより、内部監査の実効性を高めることが可能となります。

図表1-8　CSAの対象範囲（イメージ図）

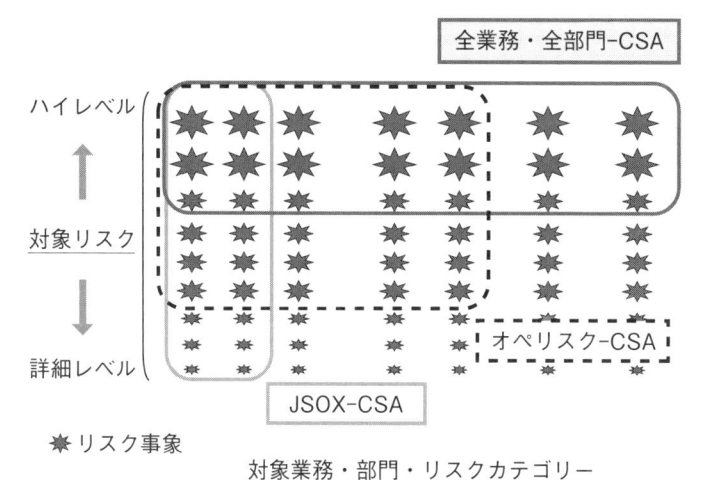

※リスク事象

対象業務・部門・リスクカテゴリー

(注) 碓井（2008a）をもとに作成。

リスク管理部門が、全業務・全部門にわたるハイレベルのCSAを導入している場合、内部監査計画を策定するときのリスク評価に活用することができます。

　また、対象業務・部門を限定した、詳細レベルのCSAを導入している場合、個別の監査プログラムの策定や監査要点の絞り込みに活用可能です。

　CSAの評価結果は、最終的には内部監査で検証されます。内部監査での検証により、CSAの精度は向上します。また、精度の高いCSAを活用すれば、リスクベース監査の有効性が高まるという関係があります。

図表1－9　内部監査の各段階とCSAの活用ポイント

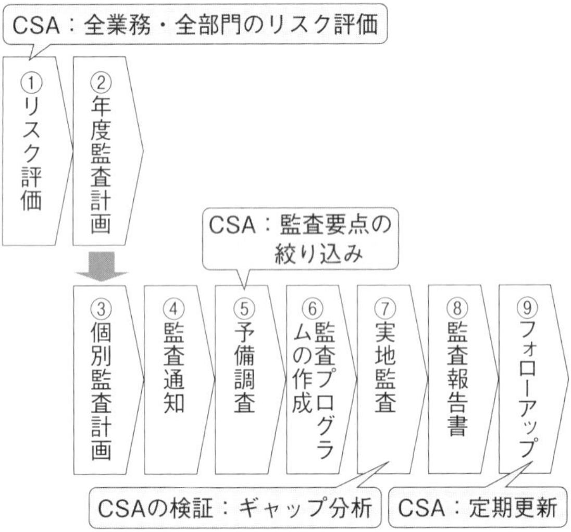

```
         CSA：全業務・全部門のリスク評価
           │
      ①リスク評価　②年度監査計画
                              ↓
                    CSA：監査要点の絞り込み
                              │
      ③個別監査計画　④監査通知　⑤予備調査　⑥監査プログラムの作成　⑦実地監査　⑧監査報告書　⑨フォローアップ
                              │                              │
                    CSAの検証：ギャップ分析    CSA：定期更新
```

（注）　碓井（2008a）をもとに作成。

もちろん、内部監査部門が主導して、組織内にCSAを導入することもあります。

　ある中小金融機関では、内部監査のスタッフには市場業務の経験者が一人もいませんでした。そこで、ベテランの内部監査人が、市場業務に関する規程を読み込み、市場業務の責任者、担当者にインタビューを行って、その結果をリスクコントロール・マトリックスにまとめました。これを市場業務の責任者に示し、適宜、修正を求めるかたちで、組織内にCSAを導入したのです。この中小金融機関では、リスクコントロール・マトリックスを活用することにより、内部監査のプログラムを策定することに成功しました。

　内部監査部門のスタッフに、特定の業務の経験者がおらず、専門的能力が不足している場合、CSAの導入は有効です。

図表1－10　リスクコントロール・マトリックス（市場部門のフロント業務）

項目	リスク内容	固有リスク			管理プロセス	残余リスク		
		影響度	発生頻度	評価	有効性の評価	影響度	発生頻度	評価
	市場取引のオペミス	大	大	大	おおむね有効	大	中	中
	市場運用の損失隠し	大	低	中	有効	大	低	小

（注）　碓井（2008a）をもとに作成。

5　内部監査の品質評価とは

(1) 品質評価の意義

　内部監査の品質評価は、内部監査のレベルアップを図るために行うものです。

　「内部監査が有効に機能し、組織の改善に役立っているか」という視点で、内部監査の実施状況を評価し、もし、なんらかの問題があれば改善を図って、内部監査のレベルアップにつなげることになります。

　内部監査の品質評価では、IIA基準や金融検査マニュアルなどへの準拠状況を確認しますが、それは、単に形式が整っているか否かを確認することが目的ではありません。IIA基準や金融検査マニュアルにしたがって内部監査を実施することが内部監査の有効性を高めると考え、その遵守状況を確認するのです。

　なお、IIA基準や金融検査マニュアルでも、内部監査の有効性を評価して、改善に取り組むことを求めています。特に金融検査マニュアルでは、「内部監査の有効性の分析、評価」「内部監査態勢の改善活動」を行うのは、経営陣（取締役会）の役割であることを明記し、その重要性を強調しています。

(2) 品質評価の方法

内部監査の有効性を評価する方法には、「内部評価」と「外部評価」の2つがあります。

a　内部評価

内部評価の方法としては、①内部監査部門のライン責任者が内部監査チームの活動に対して行う「継続的モニタリング」と②ライン外のレビュアーが行う監査報告書の「定期的評価」があります。

内部監査の終了後、被監査部門に対して、「アンケート調査」を行うことがありますが、これも内部評価の1つの方法です。

内部評価を行うときは、内部監査の基本方針、重点施策と、実際に内部監査で得られた結果を比較対照してみることが重要です。

あらかじめ策定した内部監査の基本方針、重点施策などにしたがって、内部監査の指摘事項や改善提案を整理してみると、組織のなかで内部監査が有効に機能しているかどうかがわかります。

期待した指摘事項や改善提案が必ずしも得られていない場合には、内部監査の方法やスタッフの専門的能力に改善の余地がないか検討します。

b 外部評価

　外部評価の方法としては、①外部専門家に対して、内部監査の計画・実施・結果報告、フォローアップを含め、フル評価を依頼する方法と、②内部監査の自己評価の結果にもとづいて、外部専門家にレビューを依頼する方法の二通りがあります。

　外部評価においても、IIA基準や金融検査マニュアルへの準拠状況の確認を依頼します。
　しかし、せっかく、費用をかけて専門家に依頼するわけですから、内部監査のさらなるレベルアップを目指して、リーディング・プラクティスをベンチマークにしたギャップ分析を依頼したり、内部監査の有効性をいっそう高めるための提案をしてもらうことが重要です。

　わが国の金融機関では、一般企業に比べると、外部評価への取り組みが積極的であるように思います。大手行だけではなく、地域銀行、信用金庫でも、外部専門家に外部評価の実施を依頼する先がふえてきました。
　IIA基準では、5年に1度、外部評価の実施を求めていますが、3年に1度の頻度で、外部評価を行うことを決めた金融機関もあります。
　金融検査マニュアルに、内部監査の品質評価を行うのは経営陣の役割である、と記載されたために、検査対策として、外部評価を依頼する動きが広がったともいわれています。

しかし、近年、多くの金融機関でリスクベース監査の実践が始まり、内部監査の態勢整備が急速に進みました。内部監査の高度化に取り組んできた金融機関では、さらなるレベルアップを検討すべき時期を迎えています。こうしたなかで、外部専門家に対して外部評価を依頼し、助言を得たいと考える金融機関が増加しています。

6 三様監査とは

(1) 三様監査

三様監査とは、会社法上の監査役（あるいは監査委員会）が行う「監査役監査」、公認会計士が行う「会計監査」、そして、経営陣に直属の内部監査人が行う「内部監査」の3者のことをいいます。

監査役監査は、主に株主のために行う監査で、取締役の職務執行に違法性はないか、事業報告や会計監査報告は適正かなどの観点から監査を行います。会社法の定めにもとづく法定監査と位置づけられています。

会計監査は、主に株主、投資家のために行う監査で、財務諸表、計算書類が適正に作成されているか、財務報告に係る内部統制に関する経営者の評価結果は適正かなどの観点から監査を行います。会社法、金融商品取引法の定めにもとづく法定監査と位置づけられています。

内部監査は、経営陣に直属する内部監査人が行う監査で、経営目標の達成を阻害するリスクがどこにあるか、組織内の内部統制が有効に機能しているかなどの観点から監査を行います。法的な根拠はなく、任意監査と位置づけられています。

(2) 連携の重要性

　監査役監査、会計監査、内部監査は、それぞれ目的が異なるため、独自の発展を遂げてきました。

　しかし、会社法が改正されて、取締役による内部統制の整備責任や、監査役による内部統制の整備状況の監査実施が求められるようになりました。また、金融商品取引法が制定されて、財務報告に係る内部統制の整備状況の会計監査が求められるようになりました。

　この結果、内部統制の整備状況を中心に、監査役監査、会計監査と内部監査の対象範囲に重複する部分が多くなりました。また、被監査部門の負担増も決して無視できなくなりました。こうした状況下、三様監査の連携が重要になっています。

a　監査役監査と内部監査の連携

　監査役監査では、取締役による内部統制の整備・運用状況が主な監査対象となります。一方、内部監査では、管理者、担当者による内部統制活動が主な監査対象となります。

　わかりやすくいえば、内部統制の上位層を監査するのが監査役監査、中・下位層を監査するのが内部監査ということになります。

　しかし、監査役監査と内部監査の監査対象に関して、明確に境界線を引くことはできません。監査役と内部監査人は、監査対象の重複を避けるため、緊密に連絡をとって調整を行う必要

があります。このため、内部監査部門は、監査役に対して内部監査の計画や実施結果を報告するのが一般的です。

また、内部監査で、経営トップや取締役に係る問題が見つかったときは、取締役会に報告するとともに、監査役にも報告を行うことが重要です。

なお、内部監査部門は、取締役会に直属する組織ですので、決して監査役の指揮命令を受けるものではありません。ただ、監査役の高い視点からの問題意識は、内部監査計画の策定などの参考になります。内部監査人は、監査役と積極的に意見交換をして、経営上の課題や懸念事項などを聴取すべきです。

b 会計監査と内部監査

会計監査は、主に財務諸表の適正性を監査することを目的に行われてきました。内部統制の有効性の評価については、従来から行っていましたが、それは、主に内部統制の有効性を勘案して監査する勘定伝票などのサンプル件数を決めるためでした。

しかし、内部統制報告書制度が導入されたことや、国際会計基準の見直しに伴ってリスク量やリスク管理態勢の開示が始まったことから、会計監査でも、内部統制の有効性を監査するのが当たり前になりました。内部統制に問題があれば、重要な不備・欠陥として指摘することになります。

今後、会計監査と内部監査は、内部統制の有効性の評価について監査結果を共有するなど、いっそう、連携を強めていくも

のと考えられます。

　会計監査を行う監査法人には、多くの金融機関の会計監査で得られた知見が集積していますし、リスク計測手法の監査などの分野で高い専門性を有するスタッフもいます。内部監査部門としては、会計監査を行う監査法人と積極的に連携して、内部統制の有効性の評価に係る専門的な知識・ノウハウの蓄積に努めるべきです。

第 2 章 リスクベース監査の実務

1 内部監査の基本的な流れ

(1) リスクベース監査の考え方

内部監査の目的は、前章で述べたとおり、経営目標の達成を阻害する「リスク」を識別し、リスクの顕在化を防ぐ「内部統制」の有効性を評価することを通じて、経営目標の達成を支援することにあります。

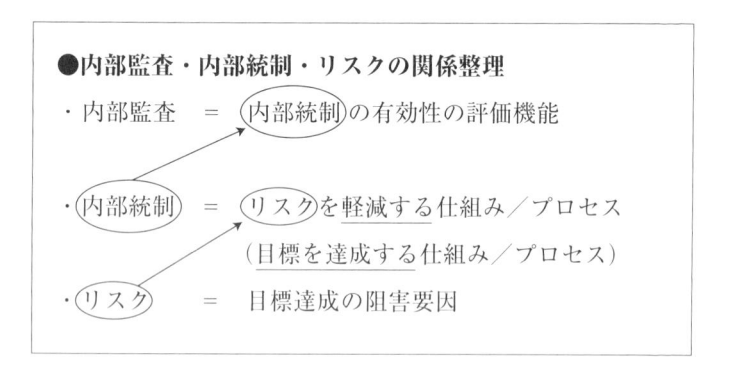

●内部監査・内部統制・リスクの関係整理

・内部監査　＝　内部統制 の有効性の評価機能

・内部統制　＝　リスク を軽減する仕組み／プロセス
　　　　　　　　（目標を達成する仕組み／プロセス）

・リスク　＝　目標達成の阻害要因

近年、金融機関の経営を取り巻くリスクは、多様化、複雑化しているといわれます。その意味では、組織内で「内部統制」が有効に機能しているか否か、を評価する内部監査の重要性は年々、増しているといえます。

しかし、内部監査を行うための監査資源には一定の制約があります。大小さまざまの「リスク」すべてに係る「内部統制」を悉皆的に点検することはできません。経営にとって「重要なリスク」は何か、という観点から監査の「頻度」や「深度」にメリハリをつけることになります。これがリスクベース監査の基本的な考え方です。

　ここで、監査の「頻度」とは、一定期間のうちに何回の監査を行うのかということです。

　たとえば、リスクが高い監査対象には１年に１回の頻度で監査を行う一方で、リスクが低い監査対象には２～３年に１回の頻度で監査を行います。

　また、監査の「深度」とは、どのくらい深く、あるいは、どのくらい詳細に監査を行うのかということです。

　たとえば、経費に係る伝票が500枚あったとすると、50枚をサンプルチェックするのか、500枚全部をチェックするのかという違いのことです。

　監査の「頻度」「深度」と監査に投入するマンパワー（人数×日数あるいは時間数）には密接な関係があります。より多くのマンパワーを投入することにより、監査の「頻度」「深度」を高めることができます。

　たとえば、投入マンパワーが１人時のとき、年１回、監査人１人が１時間をかけて50枚の伝票をサンプルチェックするのが精一杯でも、10人時になれば、年に２回、監査人５人で１時間をかけて500枚の伝票をチェックすることができます。

(2) リスクベース監査の流れ

　リスクベース監査の重要性は、金融庁の金融検査マニュアルや国際的な内部監査基準（IIA基準）のなかで以前から指摘されてきたことです。いまや、多くの金融機関でリスクベース監査は実践段階にあります。以下では、リスクベース監査の基本的な流れをみていきます。

　リスクベース監査では、まず、経営陣と内部監査部門が「経営にとって重要なリスクは何か」について、共通の認識をもつことが重要です。近年、経営陣と内部監査部門が定期的に協議の場をもって、同じ視点でリスクをとらえようと努める金融機関が増加しています（図表2－1参照）。

　経営陣のリスク認識だけでなく、内部監査部門がオフサイト・モニタリングで収集・分析した情報をふまえて、組織全体の「リスク評価」を実施します。「リスク評価」の結果にもとづいて、具体的な監査対象や監査の実施頻度を決めるなど「年度監査計画」を策定します。

　また、個別監査の実施にあたっても、「予備調査」を実施し、オフサイト・モニタリングで収集・分析した諸情報を加味して、リスクベースで「監査プログラム」を策定します。具体的には、監査項目の選定や監査チームのマンパワーの配分をリスクの重要度に応じて決定します。

　そして、「監査プログラム」にしたがって、「実地監査」（フィールドワーク）を行い、発見事項を「監査報告書」にまとめ、

経営陣および関係者に送付します。このとき、「監査報告書」への記載についても、リスクベースで行い、重要なリスクに関連した事項から順番に記載するのが一般的です。

さらに、監査結果の「フォローアップ」についても、リスクベースで実施します。具体的には、重要なリスクに関連した事項を中心にフォローアップ項目を選定します。フォローアップ項目の改善状況について書面で報告を求めるほか、必要に応じてフォローアップ監査を実施し、その改善状況を確認します。

図表２－１　リスクベース監査と経営陣の協議

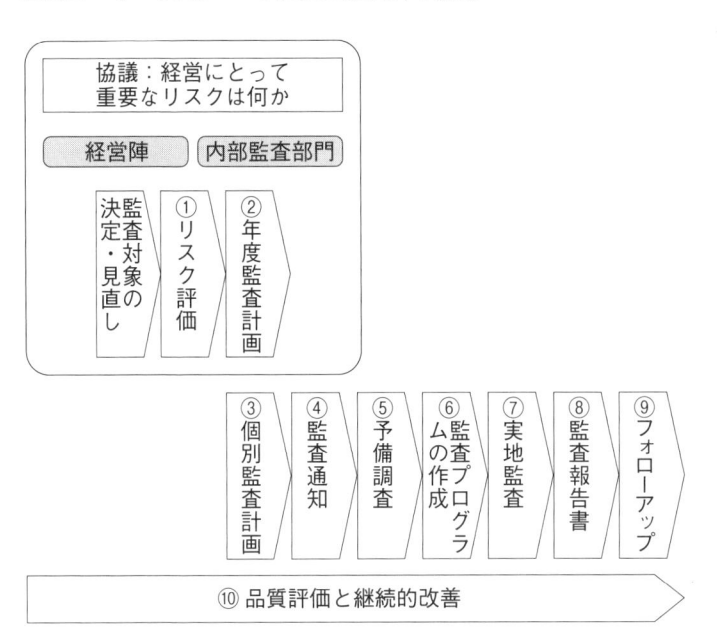

協議：経営にとって重要なリスクは何か
- 経営陣
- 内部監査部門

- 監査対象の決定・見直し
- ①リスク評価
- ②年度監査計画
- ③個別監査計画
- ④監査通知
- ⑤予備調査
- ⑥監査プログラムの作成
- ⑦実地監査
- ⑧監査報告書
- ⑨フォローアップ
- ⑩品質評価と継続的改善

（注）　FIAPワーキンググループ（2007）、碓井（2008a）をもとに作成。

2　リスク評価の実施

(1)　経営陣へのインタビューの実施

　経営陣には、経営を取り巻くリスクの状況を点検して、内部統制を構築・整備し、その有効性を維持する責任があります。内部監査は、内部統制の最終的な責任者である経営陣のために実施されるものと考えられます。

　金融機関において、組織のトップである代表者が内部監査の担当役員となることが多いのは、こうした考え方にもとづくものと考えられます。

　内部監査の計画を策定する前に、内部監査部門は、経営陣に対してインタビューを申し入れる必要があります。「経営にとって重要なリスクは何か」「内部統制面で懸念はないか」など、経営陣の意向を十分に聴取し、「リスク評価」に反映させることが重要です。

　また、リスクベース監査を実践するうえで、内部監査部門と経営陣が共通のリスク認識をもつことが求められます。内部監査の計画を策定する年度初に限らず、内部監査部門は経営陣に定期的にインタビューを申し入れ、組織内の「リスク」と「内部統制」の状況について定例協議の場をもつべきです。

⑵ オフサイト・モニタリングによる情報収集

　経営陣とのインタビューに臨む前に、内部監査部門としては事前に準備をする必要があります。オフサイト・モニタリングで組織内の「リスク」と「内部統制」に関する定量情報、定性情報を収集、整理して経営陣に伝えることで、率直な意見交換を行うことができます。

　たとえば、経営会議、リスク管理委員会などで経営陣に報告されている各種リスク指標（リスク・インディケータ）を活用する方法もあります。また、ストレステストの結果なども経営を取り巻くリスクを点検するうえで重要な情報になります。

　また、法令や規程・マニュアルの改正は、組織内の「リスク」と「内部統制」に変化をもたらします。内部監査部門は、法令や規程・マニュアルの改正内容とその影響を把握する必要があります。

　さらには、前回の内部監査結果、改善状況や最近の自主点検結果などの情報を活用したり、内部監査部門のスタッフが各部署の重要会議にオブザーバー出席して情報を収集・分析し、経営陣との定例協議に活用しているケースもあります。

　オフサイト・モニタリングによるリスク情報の収集がリスクベース監査の基礎となるといっても過言ではありません。オフサイト・モニタリングの諸情報を「リスク評価」に、いかに活かすべきかを考えることが重要です。

(3) リスク評価の手法

では、どのようにリスクを評価するのか、以下では、その手法について述べたいと思います。

リスクには、「固有リスク」と「残余リスク」の2種類があることを理解する必要があります。「内部統制」がまったく整備されていないと想定したときのリスクを「固有リスク」といいます。また、内部統制を整備した後に残るリスクを「残余リスク」といいます。

リスク評価を行うときには、まず、「固有リスク」を網羅的に洗い出してリスクの大小を評価します。次に、対応する「内部統制」を洗い出してその有効性を評価します。そして、最後に「残余リスク」の大小を評価することになります。

このとき、「固有リスク」の大小や「内部統制」の有効性を数値で評価し、一定の算式にもとづいて「残余リスク」を評点化するのが一般的です。

●残余リスク ＝ 固有リスク－内部統制

固有リスク (a)：大きさを5段階評価 (5～1)

内部統制　 (b)：有効性を3段階評価 (3～1)

残余リスク (c)：(a) － (b) の評点で評価

たとえば、「固有リスク」の大小を5段階（評点5〜1点）で評価するとともに「内部統制」の有効性を3段階（評点3〜1点）で評価するとします。そして、「固有リスク」の評点から「内部統制」の評点を差し引いた数値で「残余リスク」を評価するのです。

　ただ、「固有リスク」の評価については、内部統制が整備されていない状態を仮想したものとなることから、具体的なイメージが湧きにくく、むずかしい作業になります。「残余リスク」のほうが顕在化したときの影響度や頻度を具体的にイメージしやすいため、「残余リスク」を、直接、評点化して「リスク評価」を行っている金融機関も少なくありません。

　いずれにせよ、このような「リスク評価」を行うには、それぞれの業務・拠点におけるリスク事象や内部統制に精通した専門性の高い評価者が必要となります。

　また、「リスク評価」の客観性を確保するには、一部の評価者の経験や主観に引きずられないように複数名でワークショップを開催し、エキスパート・ジャッジによって「リスク評価」を行うことも重要です。

　なお、「リスク評価」には、これが絶対に正しいという手法はありません。必ずしも精緻な算式で評価することが重要なのではなく、経営陣との協議やオフサイト・モニタリングで収集した諸情報を反映して、組織内の多くの関係者に違和感のない「リスク評価」となっていることが重要です。

第2章　リスクベース監査の実務

(4) 本部業務、営業店業務のリスク評価

　金融機関のリスク評価は、①本部業務のリスク評価と、②営業店業務のリスク評価の2つに分けて実施します。
　これは、本部では、各部がそれぞれ違う機能を有しており、「非定型な業務」を中心に運営されている一方で、営業店では「定型的な業務」が多く、規程・マニュアル等にしたがって運営されているからです。

　本部業務に関しては、「非定型な業務」が多いため、リスクの所在や内部統制の有効性が変化することがあります。
　したがって、毎年度、「リスク評価」を実施して、当該業務に関して、どのようなリスク事象が起きうるのか、また、それを防ぐための内部統制は有効に機能しているのかをあらためて確認する必要があります。
　「リスク評価」に漏れがないように、信用リスク、市場リスク、事務リスク、システムリスクなど、リスクカテゴリー別にリスク事象の洗い出しや、内部統制の有効性検証を実施するのが一般的です（図表2－2参照）。
　こうした「リスク評価」結果にもとづいて、内部監査を実施する際の「頻度」と「深度」を決定するのはすでに述べたとおりです。

図表2-2　本部業務のリスク評価（例）

リスク評価（前年度）

リスク評価（今年度）

	信用リスク	市場リスク	…	事務リスク	合計
A部	H	M	…	H	H
B部	H	H	…	M	H
C部	M	M	…	L	M
D部	L	M	…	L	L
E部	M	L	…	L	L

　「リスク評価」は、評価結果自体も重要ですが、なぜ、そのような評価結果に至ったのか、その理由や背景を分析することのほうがより重要です。

　「リスク評価」において、「残余リスクが高い」と評価された部署については、なぜ、そのような評価に至ったのかを説明できなければなりません。

　特に、前年度の結果と比較して、リスクが高くなった部署があれば、リスクが高まった理由・背景を明確にする必要があります。

　「リスク評価」の結果と、その理由・背景の分析は、「監査プログラム」を策定する際、何を「重点監査項目」とすべきかを考えるのに役立ちます。

営業店業務については、定型業務が多いため、そのリスクを件数、残高などの指標で定量的に評価できます。

　ほとんどの金融機関が、営業店業務のリスクを評価する指標を定めています。そして、これらのリスク指標を、たとえば、5段階で評点化のうえ、平均値などを計算して「リスク評価」を行っています。

　客観的なデータを使った「リスク評価」の手法と考えられますが、評価項目の数をふやしすぎると、特定の評価項目が変化しても平均値はさほど変わりません。かえって、当該営業店のリスクの変化を見逃すこともあります。そのため、営業店業務のリスクを評価する指標を、あえて少数に絞っている金融機関もあります。

　また、定量化できないリスクも決して無視することはできません。たとえば、営業店の業績が好調か不振かは営業店全体のモラールに影響します。また、支店長、あるいは、役席者の多くが新任であったり、ベテラン職員が退職した営業店の場合、内部統制は不十分になりがちです。定量項目だけで、形式的に「リスク評価」を行うのではなく、定性的な情報を集め、バランスをとった「リスク評価」を行うことが重要です。

　なお、営業店業務の「リスク評価」は、営業店業務のどこに重要なリスクがあるのかを把握し、「重点監査項目」を決めるのにも活用すべきです。このことは、本部業務の「リスク評価」で述べたこととまったく同じです。

●**営業店のリスク評価（定量項目）**
・預金残高
・融資残高
・新規融資件数
・投信販売・解約件数
・保険販売・解約件数
・客待ち時間
・異例取引件数
・オペミス件数
・苦情発生件数
・事件・事故の発生状況
・職員の平均在籍期間
・役席の在籍期間
・前回監査結果

●**営業店のリスク評価（定性項目）**
・店舗種別：法人店舗、個人店舗
・店舗業績：業績好調、業績不振
・取扱業務：新規業務の取扱開始
・人事構成：若手職員が多い、ベテラン職員が多い
・人事異動：支店長、役席者が新任、ベテラン職員が退職

3 監査計画の策定

(1) 年度計画の策定

「リスク評価」の結果をふまえ、内部監査の年度計画を策定し、取締役会等で承認を受けます。

通常、内部監査の年度計画には、以下の項目が含まれます。

① 内部監査の基本方針、重点目標
② 内部監査の実施対象
③ 個別監査の実施スケジュール
④ 年度の要員計画

a 内部監査の基本方針、重点目標

経営陣へのインタビューや、オフサイト・モニタリングによるリスク情報の収集・分析、そして「リスク評価」の結果をふまえて、内部監査の基本方針、重点目標を設定します。

特に、経営陣との率直な意見交換を行い、「どのような内部監査を行ってもらいたいか」を聴取し、内部監査の基本方針、重点目標を明確にして文書化することが重要です。

b　内部監査の実施対象

「リスク評価」の結果、リスクが高いと判定された部署・拠点や業務を中心に、年度内に優先的に監査を実施する「対象」を選びます。リスクが低いと判定された部署・拠点、業務は、翌年度以降に監査を実施する、あるいは、書面監査（実地監査に出向かず、必要な書類を取り寄せてレビューを行う監査）にとどめることにします。

また、経営陣のリスク認識をふまえて、「テーマ」を選定して監査を行うことも検討します。いわゆる「テーマ別監査」ですが、経営陣からみると、「テーマ別監査」は、何らかの問題が見つかれば早期に是正を図ることができます。問題が見つからなければ安心することができます。その意味では、優先して実施すべき、経営に役立つ監査です。

なお、経営陣とのインタビュー結果にもとづき、内外環境の変化、新規業務の開始など、組織全体を俯瞰して重要なリスクを洗い出して、「監査テーマ」を選定するアプローチを「マクロ・アプローチ」あるいは「トップダウン・アプローチ」と呼びます。一方、内部監査部門がオフサイト・モニタリングを通じて収集した諸情報から「リスク評価」を実施し、内部監査の実施対象（部署・拠点、業務）を選定するアプローチを「ミクロ・アプローチ」あるいは「ボトムアップ・アプローチ」と呼びます。

c 個別監査の実施スケジュール

 年度内に内部監査を実施する対象(部署・拠点、業務、テーマ)が決まれば、続いて、それぞれ個別監査の実施方法、スケジュールを策定します。

 このとき、内部監査を実施する対象(部署・拠点、業務、テーマ)のリスクの重要度に応じて監査日程を組むのが基本的な考え方となります。

 多くの金融機関が、部署・拠点別、業務別、テーマ別など、さまざまな監査を実施していますが、それらの日程調整を行うにはそれぞれの監査で必要となるマンパワーの見積りができることが前提となります。マンパワーの見積りには、過去のデータと経験にもとづく高度な専門性が必要となることはいうまでもありません。

 また、内部監査の年度計画には、ある程度、余裕をもたせておくことも重要です。期中に不祥事件が発生したり、経営を取り巻くリスクが変化すれば、それに対応して経営陣から監査を実施することが求められることもあるからです。

 なお、営業店監査などを「抜き打ち」で行っている金融機関では、実施時期などが漏れることを防止する必要があります。このため、詳細なスケジュールなどを監査計画に記載することを控えたり、あるいは、他部門や経営陣に対しても事前の伝達を控えるように留意しています。

d　年度の要員計画

　内部監査の資源には限りがあります。監査要員を急にふやすのはむずかしいと考えられます。

　祝日や休暇などを除くと、監査要員の年間の実働日数は220日程度といわれます。仮に、内部監査要員が25人で、1日当りの勤務時間を7.5時間と想定すると、年間のマンパワーは、25人×220日×7.5時間＝41,250人時ということになります。これが年間で使える「監査資源」です。金融機関によっては「監査予算」と呼ぶこともあります。

　内部監査の年度計画を策定した後、当年度に実施予定の個別監査に係るマンパワーを積み上げて、上記の範囲内に収まるか否かを確認する必要があります（図表2－3参照）。

　もし、マンパワーが不足すれば、内部監査の計画を実現することはできないからです。マンパワーが大幅に不足する場合、経営陣に対して監査要員の増員を要請します。

　しかし、組織内で要員の手当を行うのはむずかしいことも多いと思われます。組織内で要員の手当ができないときは、内部監査の「外部委託」（アウトソース）や「共同監査」（コ・オーディット）の実施を検討します。

　したがって、年度の「要員計画」の検討と「外部委託」（アウトソース）や「共同監査」（コ・オーディット）の検討は密接不可分の関係にあります。

図表２－３　内部監査実施の所要マンパワーの見積り

	監査実施対象	要員数	時間	マンパワー
本部監査	企画部	○人	●時間	○×●人時
	審査部	○人	●時間	○×●人時
	:	:	:	:
営業店監査	a支店	□人	■時間	□×■人時
	b支店	□人	■時間	□×■人時
	:	:	:	:
現物監査	x支店	□人	■時間	□×■人時
	:	:	:	:
テーマ別監査	顧客情報管理	△人	▲時間	△×▲人時
	仕組商品投資	△人	▲時間	△×▲人時
関連会社監査	カード会社	○人	●時間	○×●人時
	保証会社	○人	●時間	○×●人時
	:	:	:	:
書面監査	秘書室	□人	■時間	□×■人時
外部委託	システム監査	□人	■時間	□×■人時
小　　計	－	－	－	◎◎人時
リスク評価	－	△人	▲時間	△×▲人時
監査計画策定	－	△人	▲時間	△×▲人時
オフサイト・モニタリング	－	△人	▲時間	△×▲人時
:	－	:	:	:
合　　計	－	－	－	◎◎人時

e　内部監査の外部委託、共同監査の実施

　内部監査の要員が「量」的に不足するだけでなく、「質」的に不足することもあります。金融機関の内部監査には、高い専門性が求められる分野がふえているからです。

　内部監査部門全体として、専門的能力が不足するとき、「外部委託」（アウトソース）や「共同監査」（コ・オーディット）の実施を検討する必要が生じます。

　たとえば、海外拠点の監査、システム監査、リスク計測手法に関する監査など、高い専門性を求められる分野で外部専門家に内部監査の手順書作成を依頼する金融機関がふえています。また、外部専門家に内部監査チームへの参加（実地監査への同行）を依頼して、共同で内部監査を実施することによりOJT方式で監査手法・スキルの習得に努めている金融機関もあります。さらに、外資系金融機関では、プロパーの監査要員を最低限にとどめ、外部の専門チームを指揮して、内部監査を実施しているケースもみられます。

　専門的能力が不足しているからといって、内部監査の実施を先送りすることは許されません。

　経営にとって重要なリスクがあるのであれば、それらを監査するため、内部監査を「外部委託」（アウトソース）したり、あるいは、外部専門家と「共同監査」（コ・オーディット）を実施することを決して躊躇すべきではありません。

(2) 中長期計画の策定

　内部監査の年度計画の策定と同時に、中長期計画を策定することも必要です。しかし、内部監査の年度計画の３～５年分がそのまま中長期計画になるといった単純なものではありません（図表２－４参照）。

　年度計画を策定するときの基本的な考え方は、「限られた監査資源」を有効活用することにあります。しかし、中長期計画を策定するときの考え方はまったく逆です。現状の「限られた監査資源」という制約をどのように取り除くかを示すものと考えられます。

　言い換えれば、中長期計画は、今後３～５年間を展望して、「あるべき内部監査の態勢」をどのように実現していくのかを考えるのです。

　中長期計画では、今後３～５年間を展望して必要となる監査要員数、専門的能力を見積もります。現状とのギャップ分析を行い、①中長期の要員計画、②人事ローテーション、③人材育成プログラムなどを策定します。また、内部監査手法などの点でも改善すべき事項があれば、④内部監査の品質評価・改善プログラムを策定します。

　内部監査の中長期計画も、年度計画と同様に、取締役会等に付議して経営陣の承認を受けることが重要です。内部監査部門として「あるべき内部監査の態勢」の構築・整備を進めるためには、経営陣の理解と協力が必要不可欠です。

図表２−４　年度監査計画と中長期監査計画

	年度監査計画	中長期監査計画
計画の目的	限られた監査資源を有効に活用して監査を行うための計画	あるべき内部監査の態勢を目指して何をすべきかを示す計画
対象期間	１年	３〜５年
記載事項	内部監査の重点目標 内部監査の実施対象 内部監査の実施スケジュール 要員計画（年度）	目指すべき内部監査の態勢 現行態勢とのギャップ分析（課題の整理） 要員計画（中長期） 人事ローテーション 人材育成プログラム 内部監査の品質評価・改善プログラム
承認機関	取締役会（等）	取締役会（等）

4　個別監査の実施

(1) 監査通知

　内部監査部門長が発行した「監査通知」を監査対象の責任者（部長、支店長など）に提示して個別監査はスタートします。「監査通知」を提示するタイミングは、「予告監査」か「抜き打ち監査」かによって異なります。

　「予告監査」の場合、実地監査を行うと予告し、諸資料の提出を受けて「予備調査」を実施します。
　本部監査の場合であれば、実地監査を行う1～2カ月前には「監査通知」を提示する必要があります。また、営業店監査の場合であれば、1～2週間前に「監査通知」を提示するのが一般的です。

　これに対して、「抜き打ち監査」の場合には、当該監査チームのリーダー（監査主任）が「監査通知」を持参して、実地監査の初日に責任者に提示します。
　「抜き打ち監査」の場合、実地監査は、現物のチェック（現金、有価証券など）を中心とした検証から始まります。

「予告監査」にするか「抜き打ち監査」にするかは、監査の目的によって決まります。たとえば、不正検知などの目的がある場合は、当然、「抜き打ち監査」とします。しかし、内部統制の有効性の検証を目的とする場合は、「予備調査」を行ってから実地監査に臨むことができる「予告監査」とするのが一般的です。

なお、「監査通知」を責任者に手渡した後に、監査対象の主要な関係者に集まってもらって、「キックオフ・ミーティング」を開催します。通常、この「キックオフ・ミーティング」では、提出資料や内部監査の日程などを伝達します。

しかし、「キックオフ・ミーティング」は、単なる事務連絡の場ではありません。「キックオフ・ミーティング」では、内部監査の意義や重点目標などを説明して、監査対象の役職員の理解と協力を得るように努めることが重要です。

図表2－5　個別監査の流れ

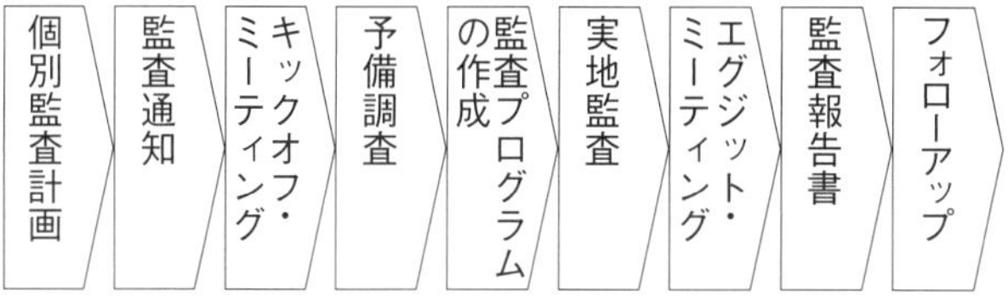

個別監査計画 → 監査通知 → キックオフ・ミーティング → 予備調査 → 監査プログラムの作成 → 実地監査 → エグジット・ミーティング → 監査報告書 → フォローアップ

第2章　リスクベース監査の実務

(2) 予備調査

「予備調査」では、監査対象において、どのようなリスク事象が起きうるのか、また、その顕在化を防ぐために、どのような内部統制が整備されているのかを把握して、重点的に監査を実施すべき「監査項目」を検討します。「予備調査」は、この「重点監査項目」の特定、絞り込みのために行うものといっても過言ではありません。

「予備調査」では、「重点監査項目」を決めるため、監査対象のリスクと内部統制に関する情報を幅広く収集します。提出を求めた資料を読み込んだり、オフサイト・モニタリングで得た諸情報をフル活用します。

「予備調査」で活用すべき情報はどのようなものかというと、たとえば、本部監査の場合、「組織図」「人員配置図」「業務分掌一覧」「業務計画」「同計画の進捗状況」などのほか、重要事項を決定した「稟議書」「会議資料」などになります。

一方、営業店監査の場合、営業店事務の「規程・マニュアル」や、「事件事故、事務ミス、苦情等の報告メモ」「同発生状況の報告書」などになります。

前回の内部監査で発見された「問題点の改善状況」や「自主点検結果」「コンプライアンスチェック結果」などは、本部監査でも営業店監査でも必要な情報です。

「予備調査」では、監査対象の関係者に対してインタビューすることもあります。監査対象の部門長、責任者、主要な担当者に対するインタビューにより、提出資料やオフサイト・モニタリングでは十分にわからなかった点を再確認することができます。また、提出資料では読み取れなかった新たな発見事項を見つけることもあります。

　また、監査対象から資料・情報の提供を求めたり、インタビューを行うだけではなく、関連部署からも資料・情報の提供を求めたり、インタビューを行ったりします。「予備調査」では、どのような資料・情報が監査対象のリスクをとらえるのに適しているか、という観点から、そのつど、個別に検討することが重要です。

　監査チームのメンバーは、提出資料の分析、インタビューを分担して実施し、その結果を「予備調査」メモに取りまとめます。そして、「予備調査」メモを持ち寄って、「事前検討会」を開催し、メンバー全員で監査対象のリスクと内部統制に関する分析を深め、実地監査で何を検証するのかを明確にします。

　「事前検討会」には、メンバー全員が参加するほか、必要に応じて、内部監査部門のライン責任者も参加することが期待されます。また、内部監査の品質評価を行う担当者も個別監査のプログラムを評価するため、「事前検討会」に参加することが望ましいと考えられます。

(3) 監査プログラムの作成

リスクベース監査では、「予備調査」で決めた「重点監査項目」に、監査チームのマンパワーをより多く配分するように「監査プログラム」を作成するのが基本です。

しかし、金融機関の実際の「監査プログラム」のなかには、リスクベース監査の考え方によらず、規程・マニュアルをみて「……すること」と記載されていれば、これを「……しているか」と疑問形に変えて作成しただけのものが少なくありません。

規程・マニュアルに記載されている内部統制の手続をすべて疑問形にして「監査プログラム」を作成すれば、検証項目は膨大なものになります。重要なリスクやキー・コントロールを意識せずに、膨大なチェックリストで検証を行っても有効ではなく、むしろ形骸化してしまうでしょう。

また、一部の金融機関では、「監査プログラム」を何年も更新していないこともあります。「監査プログラム」の更新手続が組織内で面倒だったりすることが背景にあるようです。

リスクや内部統制の変化を考慮せず、ワンパターンの監査を続けることは、重要な問題点を見落とす可能性があり、危険であるといわざるをえません。

リスクベースで「監査プログラム」を作成するには、①監査対象のリスクが増大していないか、また、②その顕在化を防ぐ内部統制の有効性が低下していないか、などの「仮説」を立てて、それを検証するための具体的な監査手続を考えることが重要です。

　わかりやすい例でいえば、時系列でみて、事件・事故、事務ミス、苦情などが増加している監査対象のリスクは増大しているものと思われます。また、新規業務を始めるときや、業務プロセスを見直したときには、監査対象のリスクが増大したり、内部統制の有効性が低下する可能性があります。

　「監査プログラム」の様式には、特に定まったものはありませんが、図表2-6に例示したとおり、まず、監査対象に内在する重要な「リスク事象」を洗い出して、「リスク事象」ごとに「監査プログラム」を作成することが望まれます。

　次に、当該リスク事象に係る「内部統制」を規程・マニュアルから抽出して列挙し、キー・コントロールか否かを判定します。

　そして、個々の「内部統制」が有効に機能せず、当該リスク事象が顕在化するとの「仮説」を立てて、その「仮説」を検証するための具体的な監査手続を考えます。

　このようにして作成した「監査プログラム」にしたがって、実地監査においては「仮説」の検証を行い、その結果を「発見事項」として整理します。

図表2−6 監査プログラム（例）

実施日	×月×日
実施者	×××

監査項目	××××
想定されるリスク事象	×××××××××××××
関連規程・マニュアル	××マニュアル　××頁

項番	内部統制 （事前に記載）	監査手続 （事前に記載）	発見事項 （実地監査で記載）
1	◎ ×××××× ・××××××	・×××××× ・×××××× ・××××××	●×××××× ・××××××
2	◎ ××××××	・×××××× ・×××××× ・××××××	●×××××× ・××××××
:	:	:	:
×	・××××××	・×××××× ・××××××	・××××××

(注) ◎はキー・コントロール
　　 ●は重要な発見事項

(4) 実地監査

「実地監査」は、監査対象まで出向いて現場で行う調査活動のことです。「往査」、あるいは「フィールドワーク」ともいいます。

「実地監査」ではさまざまな監査手法が用いられます。代表的な監査手法としては、以下のようなものがあります。

① 閲覧（レビュー）
 資料の提出を求め、その内容を調査する。
② 分析的手法
 統計データ等の数値情報を収集し、異常値、傾向値などを分析する。
③ 質問、インタビュー
 監査対象の関係者に対して、口頭もしくは文書で問合せを行い、事情の説明を求める。
④ 観察
 現場に出向いて、業務プロセスを実際に目でみて確認する。
⑤ 実査（照合、再現など）
 現金、重要物の有り高と帳簿・台帳と照合する。
 サンプル・データを使って同一の結果が再現するかを確認する。

上記はいずれも「実地監査」で使う手法ですが、「予備調査」の段階で実施可能なものも少なくありません。効率的に監査を行うには、閲覧、分析的手法、質問、インタビューのうち「予備調査」の段階で行えるものは、あらかじめすませておき、「実地監査」では、観察、実査（照合、再現など）など現場で確認するしかないことに重点を置くべきです。

　また、単独の監査手法で得られた情報だけで、拙速に結論を出すのは危険です。複数の監査手法を使って裏付けをとりながら、総合的に評価をくだすように努める必要があります。

　たとえば、インタビューで得られた情報は伝聞のため、「監査証拠」としては不十分であることが少なくありません。他の監査手続で事実関係を裏付けたり、補強する必要があります。反対に「観察」「実査」で問題が見つかったとしても、それは偶然起きた事象だったのかもしれません。関係者への「インタビュー」などによって、現場でよく起きている事象であるかどうか確認する必要があります。

　最後に「実地監査」で判明した事項は「監査調書」にまとめます。このとき、判明した事項を客観的に記載することは当然ですが、どのような監査手続をとったのかを明記することも重要です。不備、問題点を示す監査証拠はすべて、「監査調書」に添付する必要があります。不備が見つからなかったときも、単に「問題なし」と記載するのではなく、どのような監査手続をとって「問題なし」と判断したかがわかるように「監査調書」を作成して残す必要があります。

(5) エグジット・ミーティング

　実地監査が終了した時点で「エグジット・ミーティング」を開催します。「エグジット・ミーティング」では、監査チームのリーダー（監査主任）が、監査対象の責任者や主要な関係者を招集し、実地監査で発見した事項について説明を行います。

　このとき、はじめに確認すべきことは、発見事項に関して、事実誤認はないか、ということです。「不備」「問題点」として指摘する以上、事実誤認があってはいけません。

　しかし、内部監査は「不備」「問題点」を見つけて指摘するために行うものではありません。見つけた「不備」「問題点」を活かして「改善」を促すことに本来の意義があります。

　したがって、「エグジット・ミーティング」では、発見事項が示すリスクや内部統制上の問題点を関係者で共有し、具体的な「改善策」について協議を行い、その実行に向けた合意を形成することが重要です。

　その意味では「エグジット・ミーティング」に招集する関係者は監査対象の責任者、管理者だけでは十分とはいえません。必要に応じて関連部署の同席を要請します。たとえば、営業店監査であれば、関連する本部各部の関係者に参加してもらい、具体的な改善策の策定に関して助言を求めるのが有用です。

　なお、最近では、専門性を高め、実力をつけた内部監査部門がみずから「改善提案」を行うケースもふえてきました。

5 監査報告書の作成

(1) 監査報告書の作成、配布

「監査報告書」は、「監査調書」にもとづいて監査結果をまとめたものです。

「監査報告書」は、経営陣のほか、監査対象の責任者、関係部署の関係者などに配布します。内部監査で発見した不備、問題点の改善を図るために必要と考えられる関係者にはもれなく配布する必要があります。

また、金融機関によっては、経営陣向けの「監査報告書」と監査対象の責任者、関係部署の関係者向けの「監査報告書」を分けて作成しているケースもあります。

経営陣向けには、必ずしも詳細な「監査報告書」を回覧する必要はなく、むしろ、監査結果のなかで重要な点に絞った報告書（エグゼクティブ・サマリー）を提出するのが適切と考えられます。一方、監査対象の責任者や関係部署の関係者に宛てた「監査報告書」には、監査での発見事項を詳細に記載すべきです。

なお、「監査報告書」は、内部監査部門の記録として保管し、次回監査の基礎情報として活用します。

(2) 監査報告書の記載内容

「監査報告書」の様式はさまざまであり、特に定まったものはありません。しかし、「監査報告書」には、少なくとも監査実施の「目的」「範囲」そして「結果」を記載することが求められます。

●監査報告書の記載事項

① 目的
  ・監査実施の主な目的
② 範囲
  ・監査実施の対象（部署・拠点、業務、テーマ）
  ・監査実施の対象期間
③ 監査結果
  ・実地監査で発見した事項
    ― 不備、問題点の重要度を記載
  ・不備、問題点が生じた背景・原因
  ・具体的な改善策
    ― 監査対象と合意した改善策を記載
（注）監査結果に関して、内部監査部門と監査対象の見解が一致しない場合、両者の見解を併記する。

第2章　リスクベース監査の実務　75

「監査報告書」では、まず、何を「目的」にして監査を実施したのか、を明らかにする必要があります。また、その「目的」に照らして適切に「範囲」を定めて監査を実施したことを記載します。そして、実地監査において、どのようなことが判明したのか、その「結果」を記載します。

繰り返し述べているとおり、内部監査は不備や問題点を見つけることを目的にして行うものではありません。監査の発見事項を活かして、改善を促すことに意義があります。

したがって、「監査報告書」に、監査の「結果」として、不備や問題点を列挙しているだけでは十分とはいえません。

発見した不備や問題点の「重要度」を判定したり、その「背景・原因」を分析して記載することも求められます。「重要度」の記載は、改善に向けた優先順位を示すものであり、「背景・原因」の記載は、「改善策」を策定するのに役立ちます。

また、最近では、「監査報告書」に「改善策」を記載する欄を設ける金融機関がふえてきました。エグジット・ミーティングで関係者と「改善策」について協議し、合意に至ればその内容を記載することになります。具体的な「改善策」を協議して、合意に至るまでには時間を要しますが、その後の「フォローアップ」を円滑に進めることができます。

金融機関によっては、内部監査部門としての「改善提案」をみずから記載する先もみられます。このようなケースでは「改善提案」を記載するにあたり、記載内容に関して監査対象の責任者から事前に了解を得るのが一般的です。

また、少数ではありますが、実地監査で判明した内部統制上の「好事例」についても「監査報告書」に記載することを義務づけている金融機関もあります。

　「監査報告書」に「良い点」も「悪い点」も記載することで評価のバランスをとるという意味もありますが、内部統制上の「好事例」を知見・ノウハウとして組織内で共有したり、内部統制の意識の向上に役立てることを企図したものです。

　なお、実地監査での発見事項に関する事実関係や、重要度の評価、改善策などをめぐって、監査対象と内部監査部門の見解が必ずしも一致しないことがあります。その場合は、「監査報告書」には両者の見解を併記する必要があります。

(3)　監査報告書の重み

　経営陣は、組織全体の内部統制を構築・整備する責任者ですので、「監査報告書」に記載された不備、問題点に対しては、すみやかに適切な改善策を講じなければなりません。

　特に、経営に重大な影響を与える不備、問題点に関しては、経営陣に、その背景・原因に関する詳細な分析や、他の拠点・部署で同様の事象が起きていないかについての幅広い調査を命じる責任が生じます。また、関係各部が連携して取り組む必要のある重大かつ複雑な問題に関しては、経営陣がリーダーシップを発揮して、改善を図る態勢を整備することが求められます。

6 フォローアップ

(1) フォローアップの重要性

立派な「監査報告書」ができあがっても、そこに記載された不備、問題点が改善されなければ、内部監査には何の価値もありません。その意味では、改善状況のフォローアップは内部監査の最も重要な任務であるともいえます。

内部監査部門は、重要な不備、問題点をフォローアップ項目として特定し、監査対象の責任者から「改善報告書」の提出を求めて、「改善」への取り組みを働きかける必要があります。

(2) フォローアップ責任者

フォローアップ責任者は金融機関によって異なります。当該監査チームのリーダー（監査主任）がフォローアップ責任者を務めることもあれば、フォローアップ専担部署に責任者を置くこともあります。

フォローアップ専担部署に責任者を置く場合、事情に詳しい当該監査チームから引き継ぎを受けるほか、「改善報告書」を検証する際も、適宜、関与・協力を求めることが望まれます。

(3) 改善報告書の徴求

　実地監査の終了後、通常、1カ月を目途にして、監査で指摘した不備や問題点に関して、「改善報告書」の提出を求めます。

　このとき、実地監査の終了時に開催される「エグジット・ミーティング」において、具体的な改善策まで合意されていれば、その内容にしたがって改善が進んでいるか否かを確認するだけですみます。

　しかし、現実には、実地監査の段階では改善策の合意に至らないケースも少なくありません。内部監査部門が改善提案を行って監査を終了しているケースもあります。このような場合、監査対象の責任者から具体的な改善策を提出してもらい、その妥当性の検証を行う必要があります。

　内部監査の指摘の趣旨が十分に理解されておらず、改善策も妥当性を欠いていると判断されたときは、改善策の見直しと「改善報告書」の再提出を求めます。

　たとえば、監査対象から「担当者には厳重に注意しました。本人も十分反省しています」など、担当者に責任転嫁する内容の改善報告がなされることがあります。これでは、内部統制の改善が進むとは、到底、考えられません。このような場合は、監査で指摘した不備、問題点の重要度やその背景・原因などについて、監査対象の責任者に、もう一度、説明を行い、適切な改善策の策定を促す必要があります。

(4) フォローアップ管理表の作成

具体的な改善策が策定されて、その妥当性が確認されれば、その後は、「改善報告書」の提出を求めて、改善状況をフォローします。内部統制の意識を高める研修強化など効果があらわれるまでに相応の期間を要するフォローアップ項目については定期的に進捗報告を求めます。

また、改善への取り組みを促す観点から、監査対象の責任者と協議し、あらかじめ改善完了の期限を定めておくことも重要です。

そして、フォローアップ項目ごとに改善策の策定期限、改善完了の期限などを一覧表にして管理します（図表2-7参照）。

図表2-7 フォローアップ管理表

監査対象 (部署)	フォローアップ 項目	重要度	改善策の 策定期限	未済・済	改善完了 期限	未済・済	フォローアップ 担当者
A部署	××××××	H	20××/×/×	未済	20××/×/×	未済	A
A部署	××××××	L	20××/×/×	済	20××/×/×	済	A
B部署	××××××	H	20××/×/×	済	20××/×/×	未済	B
B部署	××××××	M	20××/×/×	未済	20××/×/×	未済	B
B部署	××××××	L	20××/×/×	済	20××/×/×	未済	A
C部署	××××××	L	20××/×/×	済	20××/×/×	済	C
:	:	:	:	:	:	:	:

⑸ 経営陣へのフォローアップ報告

すでに述べたように、内部監査で指摘された不備、問題点の改善を図るのは、経営陣の役割です。

内部監査部門は、経営陣に対し、内部監査で指摘した不備、問題点の改善状況を定期的に報告しなければなりません。特に、何の改善策も講じられなかったり、改善の進捗が遅い場合は、その旨をすみやかに経営陣に報告する必要があります。

⑹ フォローアップの終了

改善が図られたことを確認できれば、フォローアップを終了します。

重要な不備、問題点に係る「フォローアップ項目」に関しては、「フォローアップ監査」を行い、改善状況を確認したうえで、フォローアップを終了するのがよいと考えられます。

それ以外の「フォローアップ項目」に関しては、改善状況を示したエビデンス（証跡）を添付した「改善報告書」の提出をもって、フォローアップを終了します。

なお、「改善報告書」だけでは、内部統制の改善が進み、その運用が定着しているか否かまでは評価できません。フォローアップを完了しても、次回の実地監査で、再度、改善状況を確認することも必要です。

7 内部監査の品質評価・改善

(1) 品質評価・改善の必要性

内部監査が組織内で信頼され、内部監査の指摘や改善提案が関係者に受け入れられるためには、適切な監査基準にしたがって内部監査を実施することにより、個々の内部監査の「品質」を一定レベルに維持することが必要と考えられます。

また、金融危機や不祥事件の発生に象徴されるように、経営を取り巻くリスクは多様化、複雑化しています。リスクの変化をとらえて、内部統制の有効性を検証する内部監査の重要性も増し、内部監査に対する経営からの要請もハイレベルになっています。こうした状況下、内部監査部門としても、みずからPDCAサイクルを働かせて、個々の内部監査の「品質」をさらに高めるべく、「改善」に取り組むことが課題となっています。

なお、この点に関しては、金融当局も、金融機関の内部監査機能の高度化を促して、自律的な経営改善を図る態勢の整備を強く求めるようになりました。

また、会計監査人（監査法人）も、内部監査の「品質」には強い関心を示しています。内部監査機能が高ければ、連携してより効率的な会計監査を実施することができるからです。

(2) 品質評価の態勢整備

　内部監査の「品質評価」を行い、その「改善」を図るのは、経営陣の役割です。金融検査マニュアルをみると、取締役会が内部監査の有効性について分析・評価・改善を行わなければならないとされています。

　しかし、経営陣がみずから、内部監査の実情を調査して「品質評価」を行うのはむずかしいため、実際には、内部監査部門に自己評価を求めたり、外部専門家に第三者評価を依頼することになります。ここで、内部監査部門が行う自己評価を「内部評価」といい、外部専門家に依頼する第三者評価を「外部評価」といいます（図表2-8参照）。

　内部監査の「品質評価」を行うためには、内部監査規程・同マニュアルに「品質評価」の項目を設けて、「品質評価」の目的、「内部評価」「外部評価」の実施手続、同評価基準について定めることが必要です。

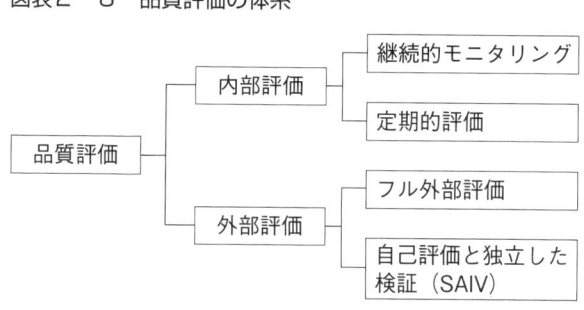

図表2-8　品質評価の体系

```
                    ┌─ 内部評価 ─┬─ 継続的モニタリング
                    │             └─ 定期的評価
品質評価 ───────────┤
                    │             ┌─ フル外部評価
                    └─ 外部評価 ─┤
                                  └─ 自己評価と独立した
                                     検証（SAIV）
```

(3) 内部評価

「内部評価」には、①日常の管理業務の一環として行う「継続的モニタリング」(Ongoing Monitoring) と②日常の管理業務から独立して行う「定期的評価」(Periodic Assessment) があります。

「継続的モニタリング」は、個別の内部監査においてライン管理者が担当者の作業を監督・指導、レビューすることです。予備調査、監査プログラムのレビュー、監査実施の監督指導、監査調書、監査報告書のレビュー、内部監査規程の遵守状況のチェックなどのことです。また、監査対象の職員からのアンケート調査結果のフィードバックも含まれます。

「定期的評価」は、当該監査チームのメンバー、ライン管理者以外の評価者が、日常管理業務とは独立した観点から、内部監査態勢を全般的にチェックするものです。

実務的には、まず、個々の内部監査が終了したとき、関係書類をレビューして「継続的モニタリング」が適正に行われていたかをチェックします。また、1年に1回以上の頻度で、IIA基準や金融検査マニュアルへの準拠状況を確認するほか、内部監査計画の適切性、個々の内部監査の有効性・効率性、重点監査項目に関する指摘事項・改善提案の妥当性、監査要員・専門的能力の確保状況などの評価・検証を行います。

(4) 外部評価

「外部評価」には、外部専門家に対して、①内部監査態勢の全般的な評価を依頼する「フル外部評価」(Full External Assessment) と、②内部監査部門による自己評価結果のレビューを依頼する「自己評価と独立した検証」(SAIV：Self-Assessment with Independent [External] Validation) という手法があります。ここで、「外部評価」の評価者は、内部監査に関して直接の利害関係のない独立した立場の外部者で、かつ、適格要件を満たす専門家でなければなりません。通常、監査法人やコンサルティング会社の有資格者に依頼します。

「フル外部評価」では、「内部評価」の定期的評価と同様に、IIA基準や金融検査マニュアルへの準拠状況、内部監査の有効性・効率性などの評価・検証を行ったうえで、ベストプラクティスとのギャップ分析による改善提案などが行われます。

「自己評価と独立した検証」(SAIV) では、通常、IIA基準や金融検査マニュアルへの準拠状況に限定した自己評価結果のレビューが行われます。このため、「フル外部評価」に比較すると費用は少なくてすみます。

なお、IIA基準では、5年に1回の「外部評価」の実施を求めています。近年、内部監査規程に「外部評価」の実施頻度を定める金融機関がふえてきました。

●個別内部監査の品質評価チェックポイント（1／2）

（予備調査、監査プログラム）

- ✓ 予備調査で把握した重要なリスクを反映して、重点監査項目が決定されているか
- ✓ 重点監査項目を勘案して、監査要員の配置（人数、日数、専門的能力）が決定されているか
- ✓ 監査プログラムは、重点監査項目を反映して適切に作成されているか

（実地監査）

- ✓ 規程・マニュアルで定められた監査手続が、もれなく実施されているか
- ✓ 客観性を侵害する可能性のある監査要員（直前1年間に監査対象に所属など）が含まれていないか
- ✓ 監査の指摘事項、分析・評価は、客観的な事実にもとづいたものとなっているか
- ✓ インタビューの発言だけで指摘事項とせず、必ず裏付けをとっているか
- ✓ 発見事項について誤解がないことを監査対象の責任者および当該業務の管理者、担当者に確認しているか
- ✓ エグジット・ミーティングの議事録に日時、場所、参加者名、合意事項などの必要事項が記載されているか

●個別内部監査の品質評価チェックポイント（2／2）
（監査調書、監査報告書）
- ✓ 発見事項は、重要な項目から順に簡潔明瞭に記載されているか、また、事実・リスク・改善提案（改善策）の流れで記載されているか
- ✓ 事実と監査員の見解が峻別されており、これらが混同されているような記載はないか
- ✓ 発見事項の発生原因まで分析、解明しているか
- ✓ 改善提案（改善策）は、発生原因の除去・軽減につながるもので、実施可能なものとなっているか
- ✓ 重点監査項目に係る手続がもれなく実施されているか
- ✓ 発見事項と、監査調書、監査報告書の記載内容に不整合はないか
- ✓ 監査チームのリーダー（監査主任）によって監査調書のレビューがなされているか

（フォローアップ）
- ✓ 前回監査の指摘事項の改善状況について、もれなく検証されているか
- ✓ フォローアップ報告書に、監査チームのリーダー（監査主任）あるいはフォローアップ担当者が内容を吟味した証跡は適切に残されているか

●内部監査態勢の品質評価チェックポイント（1／2）

（オフサイト・モニタリング）

- ✓ 担当者は、あらかじめ定められたルールにしたがって、関連資料のレビューを行い、会議に出席しているか
- ✓ オフサイト・モニタリングの項目は、定期的に見直しがなされているか
- ✓ オフサイト・モニタリング結果にもとづく対応（リスクが急激に変化した場合の対応、必要なアクション）は実施されているか

（リスク評価）

- ✓ 最新の情報にもとづいたリスク評価が行われているか
- ✓ リスク評価に経営陣の懸念事項が反映されているか
- ✓ リスク評価にオフサイト・モニタリング結果が反映されているか
- ✓ 重要なリスクが評価の対象から漏れていないか
- ✓ 新規業務、新商品（予定を含む）のほか、新たな法令等の施行などに伴う項目はカバーされているか
- ✓ リスク評価は客観的で偏りはないか
- ✓ 重点監査方針、監査テーマの選定のための検討が行われ、検討プロセスを示す議事録は残されているか

> ●内部監査態勢の品質評価チェックポイント（2／2）
> （年度／中長期監査計画）
> ✓ 一定期間（例：最長3年）にもれなく監査対象を一巡することを確かめた証跡はあるか
> ✓ 前年度の監査総括（反省）、前年度に未消化であった監査は、今年度の計画に反映されているか
> ✓ 現状の監査員や専門性（監査資源）で計画した年度監査の目標は達成可能と考えられるか
> ✓ 品質改善活動の計画は直前の品質評価結果を反映しているか

(5) 内部監査の改善・高度化

内部監査の「品質評価」結果は、経営陣（取締役会）に報告する必要があります。

評価の結果、内部監査態勢の問題点が明らかになったり、あるいは、改善提案がなされたときは、改善に向けたアクションプランを策定します。

そして、内部監査の年度計画や中長期計画に、アクションプランを盛り込み、経営陣（取締役会）の承認を得て、内部監査態勢の改善・高度化に取り組むことが求められます。

第3章 リスク管理態勢の監査ポイント

1 リスク管理態勢の整備

(1) 金融危機後の国際的な議論・提言

金融危機後、その発生原因やグローバルな損失波及のプロセスを振り返り、金融危機の再発を防止するには何が重要なのか国際的に議論が積み重ねられました。リスク管理態勢のあり方についても幅広く検討が加えられ、多くの提言が行われました。

たとえば、バーゼル銀行監督委員会（BCBS）、シニア・スーパーバイザーズ・グループ（SSG）、国際金融協会（IIF）などがまとめた各種ペーパーをみると、次のキーワードを使いながらリスク管理態勢の整備、強化に取り組むべきであると提言しています。

① リスクアペタイト・フレームワーク
② 包括的なリスクの把握
③ VaRの限界
④ ストレステストとシナリオ分析
⑤ リスクコミュニケーション

以下では、上記キーワードを解説しながら、金融危機後のリスク管理態勢の整備、強化の方向性について述べます。

⑵ リスクアペタイト・フレームワーク

「リスクアペタイト」といっても、まだ聞き慣れないと感じる方が多いかもしれません。しかし、国際的な議論・ペーパーをみると、リスク管理態勢について論じるとき、必ず「リスクアペタイト」あるいは「リスクアペタイト・フレームワーク」という言葉が登場します。

「リスクアペタイト」というのは、「経営目標を達成するために、どのようなリスクをどこまでとることを許容するか」ということを意味する言葉です。
「リスクアペタイト・フレームワーク」というのは、「リスクアペタイト」を起点として構築するリスク管理態勢全体のことをいいます（図表3－1参照）。

「リスクアペタイト・フレームワーク」では、まず、経営陣が「リスクアペタイト」を明確にして、文書化することが重要であると考えます。
なぜかといえば、「リスクアペタイト」を組織内で明確にし、共有してはじめて、経営陣は、組織全体を適切に動かすことができるからです。組織内で「リスクアペタイト」に関する共通の認識をもつことが、組織内の各部署によるリスクコミュニケーションの前提となります。
「リスクアペタイト」が明確になれば、次は、それと整合的

に、リスク管理の基本方針を定め、資本配賦、リスク枠、損失限度の設定など、リスクを許容・管理する枠組みを整備します。

また、「リスクアペタイト」のほか、リスク管理の基本方針、リスクを許容し、管理するための枠組みなどの概要を「開示」することも重要であると指摘されています。

金融危機で経営が破綻した金融機関では、経営トップが暴走した事例がみられました。しかし、「開示」した基本ポリシーに違反するとなれば、内外のステークホルダーから、さまざまなかたちでの牽制が働くことが期待されます。

なお、将来を展望すると、監督当局や金融庁検査・日銀考査との関係においても、経営が承認した「リスクアペタイト」を前提にして、議論・検証が行われるようになると考えられます。

国際的に業務を展開する金融機関には、海外の監督当局から「リスクアペタイト・フレームワーク」の導入が強く求められています。わが国でも、一部の先進的な金融機関は、すでに「リスクアペタイト・フレームワーク」を構築しています。また、地域金融機関でも、①地域との共生を経営理念に掲げ「信用集中リスク」をどこまでとっていくのか、②期間収益を確保するため、長期国債投資による「金利リスク」をどこまでとっていくのか、組織内で議論するために「リスクアペタイト」を文書化した先もあります。

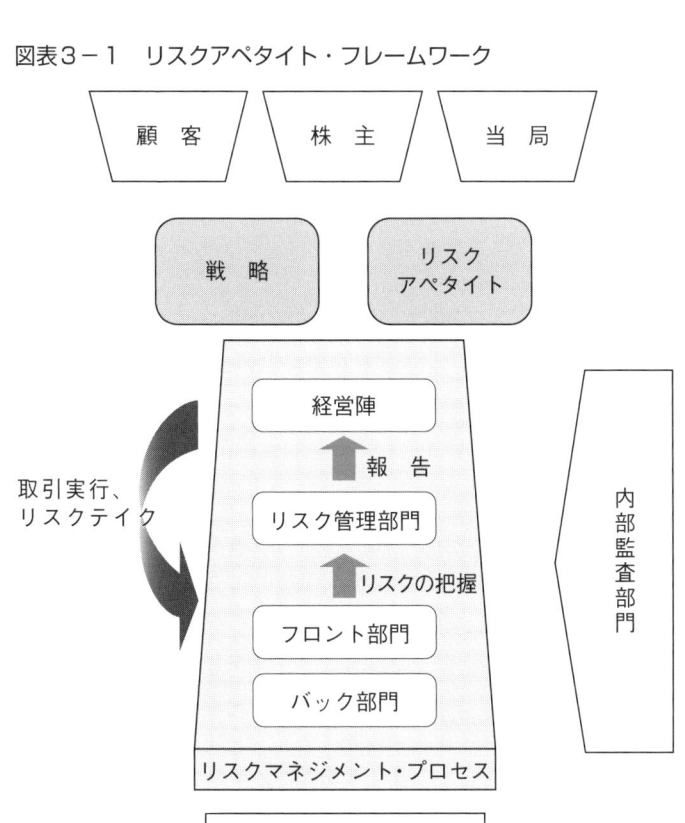

図表3-1 リスクアペタイト・フレームワーク

```
     顧 客        株 主        当 局

            戦 略        リスク
                        アペタイト

                  経営陣
                   ↑ 報告
取引実行、      リスク管理部門                  内
リスクテイク                                 部
                 ↑ リスクの把握              監
                                           査
                 フロント部門                 部
                                           門
                 バック部門

          リスクマネジメント・プロセス
```

- リスク管理方針
- 資本配賦
- リスク枠
- 損失限度
- KPI、KRI
- ストレステスト
- シナリオ分析

(注) FFR+ (2010)、碓井 (2011b) をもとに作成。

(3) 包括的なリスクの把握

　金融危機が起きたとき、「先進的」とみられていた金融機関でリスク管理が有効に機能せず、経営が揺らぐほどの影響を受けたのはなぜか、さまざまな問題点が提起され、議論が行われました。

　当初、やや混乱した議論もみられましたが、結局、リスクが多様化、複雑化しているにもかかわらず、VaRや格付などの単純なリスク指標に過度に依存しすぎたため、注意深く、さまざまな視点からリスクを把握する努力を欠いていたとの結論に至ったように思います。

　そして、その反省から、複数の定量的なリスク指標と定性的な情報を組み合わせて、包括的にリスクを把握することが重要であるという、ごく当たり前の事項が強調されるようになりました。

　国際的な議論・ペーパーでは、リスクの把握・管理に関するキーワードは「統合的」(インテグレイテッド) から「包括的」(コンプリヘンシブ) に変わりました。VaRなど統一的尺度で、リスクを計測し、統合 (インテグレイト) するだけでは、今回のような金融危機を防ぐことはできない、との認識が強まったのです。

　そして、VaRをベンチマークとしつつも、その限界を十分に理解し、フォワード・ルッキングな視点でストレステストとシ

ナリオ分析を行って、リスクの上限を探る重要性が指摘されるようになりました。

また、予兆管理などの観点から定性的情報も活用すべきであることも強調されるようになりました。

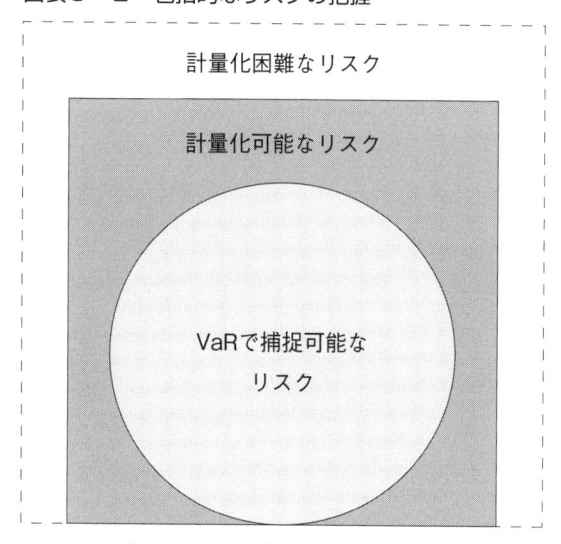

図表3-2　包括的なリスクの把握

```
計量化困難なリスク
  計量化可能なリスク
    VaRで捕捉可能な
    リスク
```

- VaRは、計測の前提・手法を見直しながら、ベンチマークとして活用する。
- VaRで捕捉できないリスクは、他のリスク指標やストレステスト、幅広いシナリオ分析により、把握する。
- 計量化困難なリスクは、定性的な情報を収集して、予兆管理に活用する。

(注)　碓井（2011b）、日本銀行（2011）をもとに作成。

(4) VaRの限界

VaR（バリュー・アット・リスク）は、過去のデータ変動が将来も繰り返すとすれば、どのくらいの損失が、どのくらいの確率で生じるかを示すリスク指標です。VaRの正確な定義は以下のとおりです。

> ●**VaRの定義**
> ① 過去の一定期間（観測期間）の変動データにもとづき
> ② 将来のある一定期間（保有期間）のうちに
> ③ ある一定の確率（信頼水準）の範囲内で
> ④ 被る可能性のある最大損失額を
> ⑥ 統計的手法により推定した値をVaRとして定義する。

VaRは、過去のデータ変動から計測されるため、客観性が高く、リスク管理の実務では、リスク量を把握する際のベンチマークとして活用されてきました。

しかし、金融危機以前から、VaRには、さまざまな限界があることが指摘されていました。

たとえば、VaRの値は、リスクファクター、確率分布、デルタなどの想定によって、大きく変化します。このことはVaR計測モデルの精度に限界があることを示しています。

また、それ以外にもVaRには本質的な限界があります。1つ

は、過去は繰り返すという想定が現実には満たされないことです。過去のデータ変動から計測されるVaRは、将来の環境変化を反映することができません。

　もう1つは、信頼水準を超過するテール・リスクをとらえられないことです。環境の変化が起きなくても、たとえば信頼水準99％のVaRであれば、1％の確率でVaRを超える損失が発生します。そのときの損失額が、いったい、どれくらいになるのか、VaRは何の情報も提供してくれません。

図表3－3　VaRの限界
① 　将来の環境変化

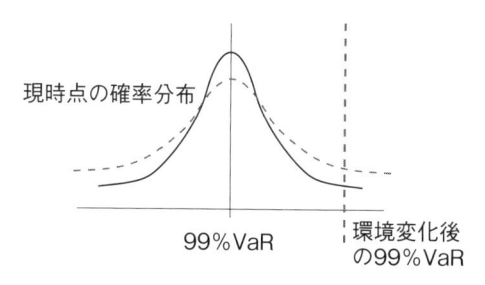

② 　信頼水準を超過するテール・リスク

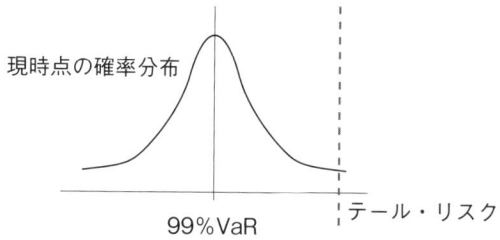

（注）　FFR＋（2010）をもとに作成。

(5) ストレステストとシナリオ分析

　金融危機以前から、多くの金融機関が、VaRの限界を補完する目的で、ストレステストを実施していました。経営体力（収益・自己資本）を大きく毀損するような事態は決して起きないはずでした。

　しかし、金融危機が起きたとき、多額の損失を被り、経営体力を大きく毀損した金融機関も少なくありませんでした。その理由としては、VaRの限界に関する理解が不十分であったり、あるいは、ストレステストの結果を経営に活用できていなかったことが指摘されています。

　実際、金融危機以前のストレステストでは、VaRを超えるけれども、経営体力を大きく毀損しない範囲内で、形式的にストレスシナリオを置いてみただけという金融機関も少なくありませんでした。

　設定シナリオについても、信頼水準の引上げや相関の非勘案など、VaR計測の想定をやや厳しく置き直したり、あるいは、過去10年間のリスクファクターの最大変動を想定するといった程度の単純なものでした（図表3－4参照）。

　金融危機後、多様なシナリオを設定して、ストレステスト、シナリオ分析を行い、その結果を経営戦略の変更や資本政策に活用することの重要性が強調されるようになりました（図表3－5参照）。

図表3−4　金融危機以前のストレステスト（イメージ）

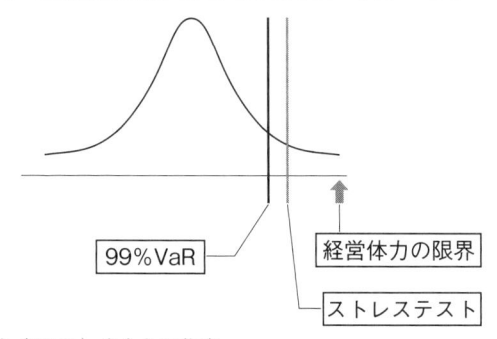

99%VaR

経営体力の限界

ストレステスト

（注）碓井（2011b）をもとに作成。

図表3−5　金融危機後のストレステスト（イメージ）

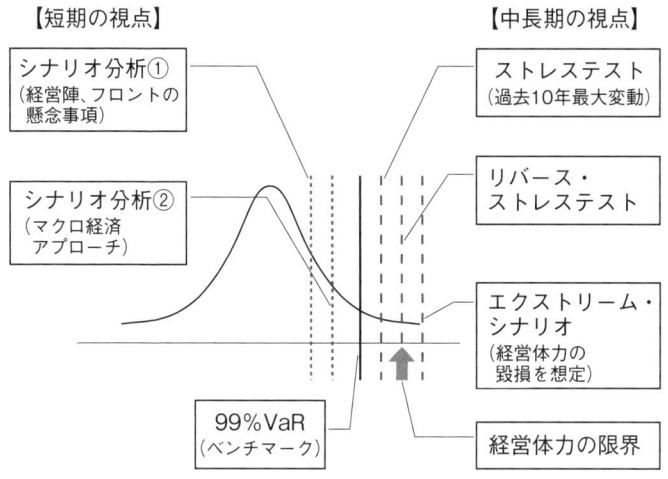

【短期の視点】

シナリオ分析①
（経営陣、フロントの懸念事項）

シナリオ分析②
（マクロ経済アプローチ）

99%VaR
（ベンチマーク）

【中長期の視点】

ストレステスト
（過去10年最大変動）

リバース・ストレステスト

エクストリーム・シナリオ
（経営体力の毀損を想定）

経営体力の限界

（注）碓井（2011b）をもとに作成。

金融危機以前から行ってきた形式的で単純なストレステストは、VaRと同様に、ベンチマークとして活用できますので、定期的に実施するのが適当と考えられます。しかし、それだけでは不十分なため、金融機関のリスクプロファイルに応じて、さまざまなシナリオを策定することが重要です。

　「リバース・ストレステスト」を行って「どのような事態に陥ると経営体力を毀損する可能性があるのか」をみることは、みずからのリスクプロファイルを分析するうえで有効です。

　また、さまざまなストレステストの結果をふまえ、中長期の視点からみて、経営体力を毀損する「エクストリーム・シナリオ」を策定してみることも必要です。「エクストリーム・シナリオ」を策定してはじめて、「そうなっては困るから、どうしたらよいか」という対策の議論が始まります。

　たとえば、市場リスクのように、いざというとき、削減可能なリスクに関しては、①リスク枠、損失限度、アラームポイントの設定を見直したり、②リスク削減の優先順位や実行手順などについて検討するべきです。

　一方、与信集中リスクなどのように、短期間では簡単に削減できないリスクもあります。こうしたリスクに関しては、中長期の視点で、エクスポージャーがどこまで拡大するのかを予想してストレステストを行い、もし資本が不足する可能性があるときは、増資実行の必要性やタイミングなどを検討することになります。

しかし、経営体力を毀損する可能性を考え、危機対応ばかりを頻繁に議論したいと思う経営者は少ないでしょう。むしろ、毎月のリスク管理委員会では、現実的なリスクに関して議論したり、その対応を検討したりしたいはずです。経営体力を毀損するまで経営者が何の手も打たないことは考えられません。

　経営者として、「フォワード・ルッキング」な視点で、現実感のあるリスクをシナリオ化し、戦略の変更につなげたいと考えるのは当然のことです。リスク管理部門は、こうした経営者のニーズにも積極的に応える必要があります。

　その意味では「マクロ経済アプローチ」が有効であるといわれています。この手法では、保守的な想定を積み重ねるのではなく、マクロ経済情勢を分析し、金利、株価、為替の見通しや企業の業績、財務内容などを予想して、各リスクファクターの相互作用を考えながら、市場リスク、信用リスクに関する現実感のあるストレスシナリオを策定します。

　また、経営陣やフロント部署から当面の懸念事項を聴取して個別テーマでストレステスト、シナリオ分析を行うというのも、戦略転換などの判断に活用できるため、有効な手法です。

　いずれの手法も、近年、多くの金融機関が採用し始めています。概念的には、99% VaRに抵触する前のより蓋然性の高いリスクを含めて多様な「シナリオ分析」を行い、機動的に戦略の転換を図ることを目的としています。最近の国際的な議論・ペーパーをみると、「ストレステストとシナリオ分析」と併記されることが多くなっています。

(6) リスクコミュニケーション

リスク管理の実効性を高めるためには、リスク管理の枠組みを整備するとともに、組織内のリスクコミュニケーションの充実を図ることも重要です。

国際的な議論・ペーパーでも、リスクコミュニケーションに関する記載が目立ちます。そこでは、リスクコミュニケーションには2つの軸があることが指摘されています。

1つは、経営者をトップとして、管理者、担当者に至る縦方向のリスクコミュニケーションです。もう1つは、役員間、本部各部門をまたぐ、組織横断的なリスクコミュニケーションです。

実際、わが国の金融機関では、リスクコミュニケーションの充実を図るための動きが広がっています。

●リスクコミュニケーションの充実策
・リスク管理部門をフロント部門に隣接
・フロント内ミドル部署(フロント・ミドル兼務)を新設・拡充
・新しい商品投資に関する事前協議ルールを導入
・経営陣向けのリスク計測手法に関する勉強会の開催
・リスクプロファイルの分析と、ストレスシナリオの協議、策定、結果の共有

(注) 碓井(2001b)をもとに作成。

ストレステストやシナリオ分析を行うとき、リスク管理部門が中核となり、経営陣や組織内の関係部門とシナリオの「想定」を協議し、組織内で共有することは、リスクコミュニケーションを高め、リスク管理の実効性を向上させるのに役立ちます。

　もう1つ、忘れてはいけないのが、ストレステストやシナリオ分析の「結果」を組織内で共有することです。「どのようなシナリオのもとで、みずからの組織が危機的状況に陥るのか」を組織内の役職員が知っていれば、なんらかの予兆を感じたとき、直ちに経営陣まで報告があがることが期待されます。

　経営を揺るがすような危機が何の前触れもなく起きることはありません。フロント部門がなんらかの予兆を感じることが少なくありません。今回のグローバルな金融危機でも、証券化商品の原資産であるサブプライムローンの延滞率が異常な急上昇をみていることに気づいた担当者は大勢いました。しかし、その情報が経営者まですみやかにあがり、戦略の転換につなげることができた先は少数でした。

　また、わが国では、バブル崩壊後の金融危機において、信用集中リスクの顕在化が金融機関の経営を揺るがせました。多くの場合、取引先の状況変化に初めに気づくのは支店長です。わが国の金融機関では、信用集中リスクに関するストレステストやシナリオ分析の結果を、支店長までフィードバックすることを始めたところもあります。

2 リスク管理態勢の監査

(1) リスク管理態勢の評価、改善

すでに述べたとおり、金融危機後、国際的な議論・ペーパーのなかで、リスク管理態勢を再構築する際の視点が提示されました。

内部監査においても、基本的には同じ視点に留意して、リスク管理態勢の整備状況を検証し、問題点があれば指摘して改善を促すことが求められます。

① 戦略、リスクアペタイトは明確か
② リスクアペタイトと整合的に、資本配賦、リスク枠、損失限度などの設定がなされているか
③ 定量的なリスク指標と定性情報を利用し、包括的にリスクを把握しているか
④ ストレステスト、シナリオ分析を行い、経営判断に役立てているか
⑤ 定性情報を収集して、予兆管理に役立てているか
⑥ リスクコミュニケーションの充実に努めているか

なお、バーゼル銀行監督委員会がまとめた「コーポレート・

ガバナンスを強化するための諸原則」(2010) をみると、内部監査機能の強化を図ることが、リスク管理態勢プロセスの問題点の把握や改善への取り組みにつながると指摘しています。

また、内部監査人協会 (IIA) が設定している基準など国内的・国際的な基準に準拠して、内部監査を行うことを慫慂しています。

> ●**コーポレート・ガバナンスを強化するための諸原則 (2010) パラグラフ100**
>
> 取締役会および上級管理職は、以下の方法によって、内部監査機能を補強することにより、銀行のリスク管理や内部統制体制における問題を把握する能力を高めることができる。
>
> ・内部監査人協会 (IIA) が設定している基準など、国内的・国際的な基準にしたがうことを慫慂する。
> ・監査および内部統制プロセスの重要性を認識し、その重要性を行内に周知する。
> ・内部監査の指摘事項を適切なタイミングで実効的に活用し、指摘された問題点を早期に是正することを求める。
> ・取締役会や上級管理職に提出されるリスク報告の質やリスク管理機能やコンプライアンス機能の実効性について、内部監査人の判断を求める。

(2) 専門的能力の確保

　内部監査で、リスク管理態勢を評価し、改善を促すためには高い専門的能力が必要になります。

　たとえば、リスク量が適切な前提のもとに正しく計算されており、その計測値をみて経営判断を行ってよいということを経営陣に保証するのは内部監査部門です。大手金融機関では、経営判断に利用しているリスク計測手法について、内部監査部門の専門スタッフが設計書をみながらモデルを複製して、種々の検証テストを行っています。

　内部監査部門に、金融工学や統計学の専門知識を身に付けたプログラミング・スキルの高いスタッフを配置することが求められる時代になりました。

　一方、中小金融機関の場合、リスク管理部門の専門スタッフが不足しているうえに、内部監査部門の専門スタッフも不足しているのが実情です。

　たとえば、中小金融機関では、取引先に有力企業が少なく、信用VaRを計測しても少額にとどまるが、その一方で、有価証券投資を多額に行っていることから、市場VaRを計測すると多額にのぼるというケースがふえています。このようなケースでは、より多くの監査資源を投入して検証すべき対象は、市場リスクの管理態勢であることは明らかです。しかし、中小金融機関では、市場部門のフロント業務や市場リスク管理態勢を十分

に検証できる専門スタッフがほとんど配置されていないことも少なくありません（図表3－6参照）。

リスクの重要度に照らし、監査資源が不足する場合、内部監査部門長は、経営陣と協議して必要な内部監査スタッフの確保を図る責務があります。

内部監査部門にリスク管理部門のベテランや理科系の人材を配置してもらうように働きかける必要があります。また、専門的能力が不足する分野に関しては、CSA（コントロール・セルフアセスメント）を活用して監査プログラムを作成したり、多少コストをかけても、外部専門家と共同監査（コ・オーディット）を行うことを検討すべきです。

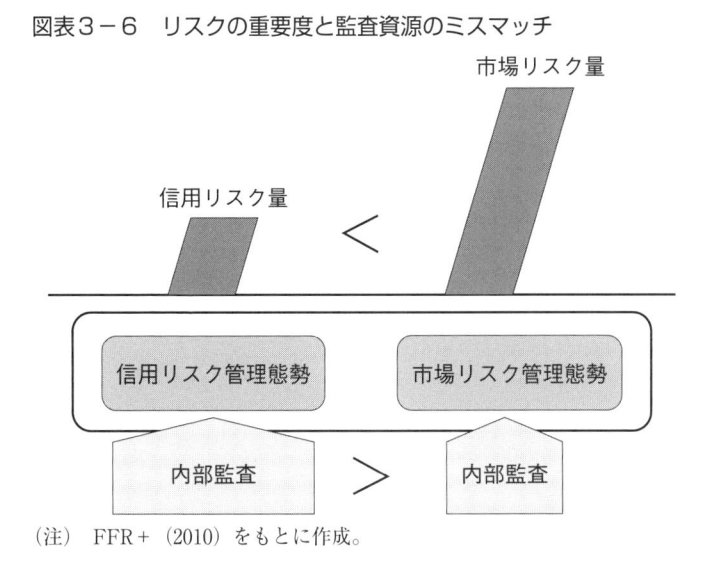

図表3－6　リスクの重要度と監査資源のミスマッチ

（注）　FFR＋（2010）をもとに作成。

3 リスク計測手法の監査ポイント

最後に、VaRなどのリスク計測手法に係る監査ポイントを解説します。

金融庁「金融検査マニュアル」をみると、リスク計測手法に関して内部監査で検証すべきポイントが簡潔明瞭に示されています。

●**リスク計測手法に関する内部監査のポイント**
・リスク計測手法に関する記録の適切な文書化、遅滞のない更新
・リスク計測手法と、戦略目標、業務規模・特性及びリスク・プロファイルとの整合性
・リスク計測手法によってとらえられる計測対象範囲の妥当性
・リスク計測手法、前提条件等の妥当性
・リスク計測に利用されるデータの正確性及び完全性
・継続的な検証(バック・テスティング等)のプロセス及び結果の適正性
・リスク計測手法の特性(限界と弱点)を考慮した運営の適切性

(1) リスク計測手法の文書化

リスク計測手法に係る内部監査では、まず、初めにリスク計測手法に関する説明資料が適切に文書化され、経営陣に報告されているか、また、リスク計測手法を変更したときも、変更内容や変更に至った理由などが、経営陣に報告されているかをチェックします。

具体的には、経営陣に対する説明資料をみて、以下のような重要事項がどのように記載されているかを検証します。

① 採用したリスク計測手法の概要
② モデルの設計思想、前提条件
③ リスク計測手法の採用・変更までの検討経緯、決定根拠
④ バックテストの実施内容、評価結果
⑤ ストレステストの実施内容、評価結果、今後の対応

内部監査は、経営の視点から行うのが基本です。経営陣への説明資料に重要事項がもれなく記載されているか形式的にチェックするだけではなく、経営陣が正しく理解できるように説明資料が記載されているか、という視点からも検証を行うことが重要です。

(2) リスクプロファイルとリスク計測手法の整合性

　VaRの計測手法にもさまざまなものがあります。内部監査では、リスクプロファイルに応じてリスク計測手法を正しく使い分けているか、を確認する必要があります。

　たとえば、多くの金融商品は「分散共分散法」で市場VaRを計測（近似）することが可能です。しかし、オプション性の強い金融商品は「モンテカルロ・シミュレーション法」で市場VaRを計測するのが望ましいことがわかっています。また、ポートフォリオ価値の変動の実分布が正規分布よりもファット・テールとなる金融商品は、「ヒストリカル法」で市場VaRを計測することを検討すべきと考えられます。

　ただ、「モンテカルロ・シミュレーション法」や「ヒストリカル法」を採用すると、システム開発・維持に多額のコストがかかります。経営資源に制約がある場合、複雑なリスクプロファイルの金融商品への投資は行わないようにしたり、リスク把握に限界のある「分散共分散法」を採用しつつも、ストレステストと多様なシナリオ分析を徹底的に実施して補完するという選択肢もあります。

　内部監査では、VaR計測手法の優劣を形式的に判断するのではなく、さまざまな経営上の制約のなかで、リスクプロファイルに応じたリスク管理方策がとられているか、客観的に評価することが重要です。

(3) リスク計測の前提の妥当性

　内部監査では、リスク計測の前提となる「保有期間」「観測期間」「信頼水準」の設定や「相関」の勘案・非勘案の妥当性を検証する必要があります。このとき、リスク計測の「目的」と照らして、「前提」が整合的か確認することが重要です。

　たとえば、フロント部門がリスクポジションを管理する目的で、VaRを計測する場合、リスク量の全体感、方向感を把握するのが原則になります。
　この場合、保有期間は1週間、1カ月など短期の「リスク評価期間」であってもよく、ポジションの解消・再構築に要する長期間である必要はありません。
　また、信頼水準については、必ずしも保守的に設定する（99％、99.9％等）必要はなく、実感の湧きやすい現実的なレベル（90％等）に設定することもありえます。
　なお、VaRの統合・合算にあたっては、リスク分散効果を反映するため、保有期間、信頼水準を統一して、相関を勘案するのが一般的です。

　一方、リスク管理部門が経営体力の十分性を検証する目的で、VaRを計測する場合、VaRを保守的に計測・合算して資本の範囲内に収まっていることを確認する必要があります。
　この場合、保有期間は、将来、発生しうる損失を過小に評価

しないように、ポジションの解消・再構築に要する期間を考慮して、長めの期間を設定する必要があります。

また、信頼水準は、当然、保守的なレベル（99％、99.9％等）に設定します。

なお、VaRを統合・合算する方法としては、保有期間、信頼水準を保守的に統一して相関を勘案する方法と、信頼水準、保有期間をあえて統一せず、個別VaRを単純に合算して相関を勘案しない方法があります。統合・合算の考え方に合理性があれば、どちらの手法を採用していてもさしつかえありません。

(4) リスク計測の対象範囲の妥当性

リスク計測の対象範囲の検証は、「重要なリスク」の計測漏れがないことを経営陣に保証する意味で重要です。

たとえば、市場リスクに関して、時価評価されない「満期保有目的」に区分された有価証券がリスク計測の対象から除外されていることがあります。

また、事業債の価格変動リスクを市場VaRで計測している場合、金利リスクだけでなく信用リスクについても市場VaRに反映されていると誤解した結果、信用リスクの計測対象から事業債を除外していることがあります。

いずれの場合も、リスク計測の対象範囲が不適切ということになりますので是正を求める必要があります。

(5) 観測データ・セットの正確性、完全性

　観測データ・セットの正確性、完全性の検証は、地道な作業ですが、経営陣にリスク計測値を経営判断に活用してよいことを保証するうえで必要不可欠な作業です。

　観測データ・セットの正確性、完全性の検証を行うためには、まず、規程を読み、関係者にインタビューをして、観測データの登録は手作業か、システムによる自動入力か、データ登録の権限がだれにあり、実際に登録作業を行っているのはだれかを確認します。

　そして、データ登録が手作業であったり、フロントがデータ登録をしている場合には、誤登録、改ざんの可能性もあるため、サンプルチェックやシステム・ログの検証を行うことを検討します。

　また、「異常値」の控除についても、控除の理由が合理的か、組織的に定められた一定の基準・手続にしたがって行われているかを確認します。

　このほか、「欠損データ」「休日データ」についても、誤ってゼロと登録するなどの初歩的なミスをしていないか確認したり、「欠損データ」「休日データ」を前営業日と同値とするなどの、あらかじめ定められた合理的なルールどおりに登録されているか、サンプルチェックによって確認します。

(6) バックテストの実施状況

　VaRは「過去は繰り返す」という想定のもとで、観測データから統計的手法を用いて計測された「推定値」にすぎません。VaRをリスク管理に活用するためには、「バックテスト」と呼ばれる統計的な「検証作業」が必要になります。

　「検証作業」というとむずかしく聞こえますが、計測したVaRと損失実績を比較して、損失実績がVaRを超過する回数を数えるだけです。VaRを超過する損失の発生回数が、信頼水準から想定される回数を大幅に上回っていれば、モデルとして実用に耐えないことになります。

　たとえば、信頼水準99％でVaRを計測した場合、損失実績は99％の確率でVaRを下回りますが、1％の確率でVaRを超過すると考えられます。すなわち、信頼水準99％で、毎日（営業日ベース）1年間にわたって、VaRを250回計測したとすると、そのうち2、3回は損失実績がVaRを超過したとしても不思議ではありません。しかし、10回以上、VaRを超過する損失実績が発生したとすると、信頼水準（99％）から想定される回数を大幅に上回っているため、VaR計測モデルは実用に耐えないと評価されます。

　内部監査では、リスク管理部門によるバックテストの実施状況と、テスト結果の評価、経営陣への報告内容を確認します。

(7) ストレステスト、シナリオ分析

　金融危機以降、すでに述べたとおり、VaRの限界をふまえ、組織をあげてストレステスト、シナリオ分析を行い、経営判断に活用することの重要性が強調されるようになりました。

　これまで、内部監査では、ストレステスト、シナリオ分析の想定やリスク顕在化時の危機対応などに関して、表面的な検証を行ってきたものの、問題点を掘り下げて指摘したり、改善提案を行うことには消極的であったように思います。

　しかし、今後、内部監査では、将来、生じうる損失に対し、経営として十分に備えができているかという観点から、検証を行うことが求められます。

　内部監査では、ストレステストとシナリオ分析の想定は妥当といえるのか、あるいは、リスク顕在化時に的確な経営判断ができるようにアラームポイント、リスク枠、損失限度が適切に設定されているか検証することが重要です。

　また、可能であれば、内部監査部門のスタッフは、組織内でストレスシナリオを協議する会議やリスク顕在化時の危機対応を検討する会議にオブザーバーとして同席し、どのような議論がなされているかフォローすべきです。そして、将来のリスクへの備え、危機対応が不十分と判断されたとき、内部監査部門は、経営陣や関係各部門に対して、その旨を指摘し、組織内でのさらなる協議・検討を促す必要があります。

第4章 コンプライアンス態勢の監査ポイント

1 コンプライアンス態勢の整備

(1) コンプライアンスの意味

a 信頼の確立

コンプライアンスについては、必ずしも確定的な定義はありません。「法令等遵守」と訳され、法令に限らず、倫理憲章や組織の内部規則、さらには社会的規範なども含めて、業務に関連するあらゆるルールを遵守することを意味するというのが一般的な解釈です。

これに対して、「法令」と「等」とで序列をつけて、まずは「法令」の遵守を徹底することが大事であるという考え方もありえます。しかし、このような考え方は、コンプライアンスを法令知識の詰め込みと考えたり、法令以外の規範・ルール(「等」)を軽視する組織文化を生んだり、社会的にみて誤った姿に陥らせるおそれもあります。

コンプライアンスは、法令等を「遵守する」こと自体が目的ではなく、経営理念にのっとって「正しく収益をあげる」という内部管理に資する取り組みでなければなりません。金融機関が「正しく収益をあげる」には、顧客や(地域)社会などから「信頼」を得ることが欠かせないでしょう。

信頼の確立こそが、コンプライアンスの直接的な目的です。

信頼を得るためには、法令ではなくとも、金融機関に求められる社会的規範などはすべて同等に遵守すべきであることはいうまでもありません。

図表4－1　コンプライアンス（法令等遵守）＝信頼の確立

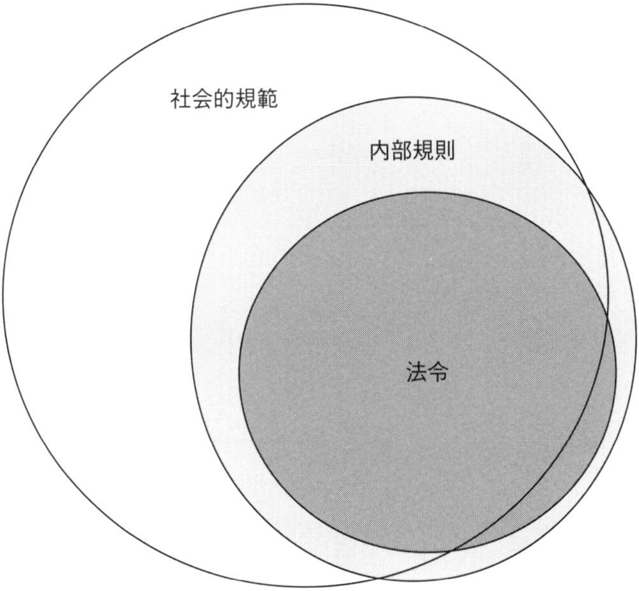

社会的規範

内部規則

法令

コンプライアンスとは、顧客、（地域）社会からの信頼を確立するため、法令だけでなく、社会的規範や内部規則を含むすべてのルールを遵守する、という意識にもとづく取り組み。

b 「知識」の前に「意識」

　コンプライアンスとは、法令上の義務であるか否かを問わず、「信頼の確立」のために、すべきことを行い、逆に、してはならないことは行わない、という「意識」にもとづいた取り組みであるといえます。

　もともと、多くの法令は、顧客や社会などからの要請にもとづいて制定されているものです。したがって、法令知識が十分でなくても、すべきことを行い、逆に、してはならないことを行わない、という「意識」が職員にしっかり根付いていれば、通常の業務遂行のなかで、結果として法令遵守は達成されるはずです。

　それでは、顧客の信頼を確立するため、すべきこと、してはならないことは何でしょうか。

　たとえば、顧客からの信頼を得るためには、顧客の資金運用・調達ニーズに合った商品や取引を案内して、その商品等の重要な内容について、個々の顧客目線でわかりやすく説明することが欠かせないでしょう。

　また、そのためには、顧客のことをきちんと知らなければならず、本人確認項目はもとより、知識・経験や財産状況、取引目的などに関する情報を得ることが重要です。

そして、情報を得るためには、提供された情報を漏えいしないようにきちんと管理する必要があります。

逆に、商品内容について嘘をついたり、変動金利など不確定要因について断定的なことをいったり、ましてや顧客のニーズがないにもかかわらず、ノルマ達成など金融機関側の都合で取引を勧めるのでは、顧客からの信頼を失うことになるでしょう。

顧客からの信頼を確立するため、何を行い、何を行ってはならないのか、という「意識」にもとづいて業務に取り組んでいれば、結果として、法令で求められていることを行い、禁止行為にはまず抵触しないでしょう。法令知識に頼らなくとも、コンプライアンスが徹底されるという望ましい姿になります。

図表4－2　顧客説明管理：「意識」にもとづく取り組み

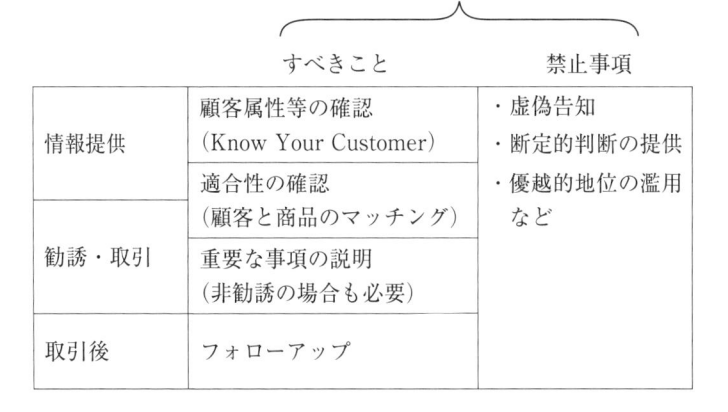

顧客の信頼

	すべきこと	禁止事項
情報提供	顧客属性等の確認 （Know Your Customer）	・虚偽告知 ・断定的判断の提供 ・優越的地位の濫用 など
	適合性の確認 （顧客と商品のマッチング）	
勧誘・取引	重要な事項の説明 （非勧誘の場合も必要）	
取引後	フォローアップ	

(2) コンプライアンス態勢整備のポイント

a PDCAにもとづく態勢の整備

コンプライアンス態勢は、他の管理態勢と同様に、PDCAサイクルにしたがって整備・運用されるのが一般的です。

PDCAサイクルのPは「計画」(Plan) を意味します。具体的には、コンプライアンスの基本方針の策定、リスク分析・評価、コンプライアンス・プログラムの策定などを行うことです。

Dは「実践」(Do) を意味します。「すべきこと」「してはならないこと」を倫理憲章、行動規範、規程・マニュアル等で明らかにし、それらを「実践」します。組織・体制の整備やコンプライアンス推進のためのツール導入、研修・教育なども「実践」に含まれます。

Cは「チェック」(Check) を意味します。コンプライアンス統括部署によるモニタリング・チェック、職員による自己点検、内部監査による検証などにより、計画どおりにコンプライアンスが実践されているかを「チェック」します。

Aは「改善」(Act) を意味します。チェックの結果、コンプライアンス上の問題が見つかれば、その原因を分析し、「改善策」を検討、実行します。

図表4-3 コンプライアンス態勢の整備

P（計画）	コンプライアンス基本方針の策定
	リスク分析・評価の実施
	コンプライアンス・プログラムの策定
D（実践）	組織・体制の整備 　担当役員 　コンプライアンス委員会の設置 　コンプライアンス・オフィサー 　コンプライアンス担当者
	ルールの策定 　倫理憲章、行動規範 　コンプライアンス規程・マニュアル、業務マニュアル
	ツールの導入 　コンプライアンス推進運動 　リーガルチェック 　支店評価、人事考課
	研修・教育の実施
	実践（DoのなかのDo） 　すべきことを行い 　してはならないことを行わない
C（チェック）	モニタリング
	自己点検
	内部監査
A（改善）	改善・強化

b 「実践」を起点に考える

コンプライアンス態勢を整備しても、それが形式的・表面的なものにとどまり、コンプライアンスの実践が伴わなければ、何の意味もありません。

むしろ、コンプライアンス態勢では、コンプライアンス規程・マニュアルや研修、コンプライアンス・プログラムなどの各種施策がコンプライアンスの「実践」を支えるための手段として適切で実効性の高いものとなるように、整備段階で十分留意しなければなりません。

そのために、コンプライアンス態勢を整備する際に、PDCAサイクルの「実践」(DoのなかのDo)を起点にして、考えていくことが有用です。

以下では、コンプライアンス態勢をどのように整備すべきかを説明しますが、PDCAの順番にとらわれず、「実践」(DoのなかのDo)を起点にして記載することにします。

c 「実践」につなげるルールの策定

たとえば、職員に対して「いまからコンプライアンスをしっかり実践しなさい」と単に指示しただけでは、「何をどうすればよいのだろうか？」と戸惑ってしまうでしょう。

いくら「意識」が重要といっても、最低限のルールが職員に対して示されなければ、「実践」につなげることは、実際にはむずかしいものです。そこで、「何をどう実践すればよいのか」を解説するルール・ブックが必要になります。

　具体的には「コンプライアンス規程・マニュアル」を策定します。また、業務マニュアルに、コンプライアンスに係る事項を盛り込むようにします。いずれにせよ、まだ業務経験が浅い職員でもマニュアルにしたがって業務を遂行することで、コンプライアンスを自動的に「実践」できるような仕組みを整備するのです。

　「コンプライアンス規程・マニュアル」にあまりに多くのことを記載すると、「要するにコンプライアンスとは何か？」「突き詰めていうと何が重要なのか？」という本質がみえにくくなってしまいます。そのため、詳細になりがちなルールを最大公約数化した「倫理憲章」や役職員の「行動規範」などを策定することも非常に有用です。

　研修においては、マニュアルに記載された事項に関して逐一解説するのではなく、コンプライアンスの基本的な考え方や重要事項に絞って、メリハリをつけるのが効果的です。

d 「実践」のための組織・体制の整備

ルールを策定し、研修等を行ってコンプライアンスを全社的に推進していくためには、組織・体制を整備することも必要となります。

まず、コンプライアンス統括部署を本店に設置します。本店だけでは、組織全体に目が行き届かないので、支店等の現場には、適宜、コンプライアンス・オフィサーや担当者を任命して配置します。

コンプライアンス統括部署や担当者のいうことを現場はなかなか聞いてくれないかもしれません。担当役員を置いて、コンプライアンスを強力に推進するようにします。代表取締役、理事長を担当役員とすることもあります。

そして、コンプライアンスの推進に関して全社的に幅広く検討するため、多くの部署が参加する、組織横断的な「コンプライアンス委員会」を設置します。

e コンプライアンス推進ツールの導入

コンプライアンス推進のための各種ツールもそろえる必要があります。

たとえば、業務に関連する法令等の改正情報をコンプライアンス統括部署が収集して関連部署に伝達し、逆に、支店などで生じたコンプライアンス上の問題等をすみやかに統括部署に報告する仕組み、ツールを工夫することが考えられます。

新規業務や新商品等の取扱いに際して、適法性に限らない顧客・(地域)社会目線でのコンプライアンス・チェックを実施することや、支店評価や人事考課でコンプライアンスに係る評価を適切に行っていくことも重要なコンプライアンス推進ツールとなります。

f　モニタリングと改善

　職員がコンプライアンスを実践しているかどうかをモニタリングする方法としては、まず、支店等で個々の職員が自己点検を行い、また役席者が自店検査を実施することが基本となります。

　次に、コンプライアンス統括部署が自店検査結果等を検証し、時には支店等に赴き実施状況を確認するなどしてモニタリングを行います。

　最後に、独立した内部監査部門が、支店等とコンプライアンス統括部署を含む全社的なコンプライアンス態勢の整備・運用状況を監査することになります。

　これらのモニタリングを通じて認められた問題等は、コンプライアンス統括部署だけでなく、関連部署や支店等において徹底した原因分析を行い、それをふまえた改善策を検討、実施して、態勢強化につなげていきます。また、重大な問題については、経営陣が改善に向けてリーダーシップを十分に発揮することが重要です。

g　コンプライアンスの実践方針・計画の策定

　組織全体として効率的、効果的にコンプライアンス態勢を整備・運用していくためには、コンプライアンス・プログラムのような具体的な実践計画を、たとえば、年度ごとに策定し、半期ごとに進捗状況をチェックする必要があります。

　コンプライアンス・プログラムの内容は、総花的なものとならないよう、リスクの重要度に応じて策定するのが基本です。リスク分析・評価の結果をふまえて、重要施策、優先順位を明確にし、メリハリを利かせた効果的な実践プログラムを策定することが、実効性の向上につながります。

　また、そもそも自社では、どういうコンプライアンス態勢を目指し、整備・運用、改善を行っているのか、「あるべき姿」としての態勢の概要を「法令等遵守方針」などで明示して、役職員に周知徹底することが欠かせません。

　また、同方針については、社外にも公表し、コミットメントとして表明することも重要です。

h　「かたちだけ」と感じたら

　コンプライアンス態勢は、支店等の現場でコンプライアンスを実践することを起点とし、「そのためにはどうすればよいか」との発想で整備していくものです。

　このような発想がなければ、金融庁の金融検査マニュアルや監督指針などを参考にして、とにかく「かたち」をつくりあげ

ることはできますが、運用はなかなかうまくいきません。

　もし、現行のコンプライアンス態勢が「かたちだけになっているのではないか」と感じたときは、現場での「実践」を起点にした態勢になっているか、もう一度、よく確認してみることが重要です。

2 コンプライアンス態勢の監査ポイント

(1) 「横」と「縦」からの検証

コンプライアンス態勢に対する監査については図表4－4のように、「横」と「縦」からの検証を行うのが有効です。

図表4－4 「横」と「縦」からの検証

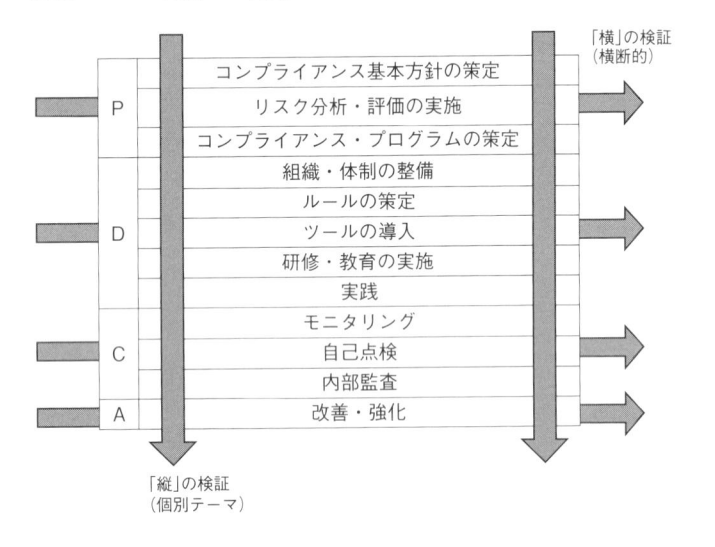

		「横」の検証（横断的）
P	コンプライアンス基本方針の策定	
	リスク分析・評価の実施	
	コンプライアンス・プログラムの策定	
D	組織・体制の整備	
	ルールの策定	
	ツールの導入	
	研修・教育の実施	
	実践	
C	モニタリング	
	自己点検	
	内部監査	
A	改善・強化	

「縦」の検証（個別テーマ）

a 「横」からの検証

「横」からの検証とは、コンプライアンス態勢を構成する各施策について、横断的に、いわば「広く薄く」検証するという手法です。

たとえば、「実践」のなかでも「ルールの策定」に関していえば、コンプライアンス規程・マニュアルの内容は適切か、実際に役職員が活用しているか、などを検証します。同様に、「研修・教育の実施」であれば、コンプライアンス研修が行われているか、その内容はどうか、研修で学んだことがきちんと実践されているか、などを検証します。

各種施策を「広く薄く」ではありますが、横断的に検証していきますので、コンプライアンス態勢の全体評価を行うことができます。

b 「縦」からの検証

「縦」からの検証は、コンプライアンスに関する重要なテーマを選定して、掘り下げた検証を行うものです。

たとえば、顧客情報管理態勢をテーマに選定したとすると、PCDAサイクルにしたがって、各種施策を掘り下げて検証を行います。

顧客情報管理に関して、コンプライアンス・プログラムでは、どのような計画が策定されているか、コンプライアンス・マニュアルの記載内容はどのようになっているか、どのような研修を行っているか、現場での顧客情報管理はどうなっている

か、コンプライアンス統括部署は、顧客情報管理のモニタリングをどのように行っているか、顧客情報管理の状況をどのように評価し、改善につなげているかなど、詳細に検証していきます。

「横」からの検証では問題がないようにみえていても、個別テーマを深く掘り下げる「縦」からの検証を行うと、意外に新たな問題や課題がみえることがあります。

　個別テーマの選定については、リスクベースで行うのが一般的です。

　どのようなコンプライアンス事項に違反が発生すると、組織に大きな影響を与えるのか、多額の損害賠償責任や厳しい行政処分を科せられたり、顧客や社会に見放されて、最悪、倒産といった事態に陥る可能性があるのか、を考えて、重要なコンプライアンス・リスクを特定します。具体的には、反社会的勢力との関係をもつことであったり、大量の顧客データが漏えいすること、取引先などに優越的地位の濫用をすることなど、いろいろ考えられます。重要なコンプライアンス・テーマというのは、各金融機関の業務特性などに応じて必ずあるはずです。

　「横」と「縦」からの検証をうまく組み合わせて、内部監査を実施することが効率性や実効性の観点から重要です。

(2) 検証の着眼点

a　3つの着眼点

「横」と「縦」からの検証いずれの場合も、各種施策の検証を行う際の着眼点としては、以下の3つが考えられます。

① 役割：態勢における各施策の役割は明確か
② 適切性、十分性：施策内容として適切で十分か
③ 実効性：きちんと機能しているか

1つ目の着眼点は、各施策の役割は明確か、ということです。たとえば、コンプライアンス・プログラム、コンプライアンス規程・マニュアルは何のためにつくったのか、「信頼の確立」というコンプライアンスの目的を達成するため、その役割が明確になっているか、を検証します。役割が不明確であったり、あいまいであったりすると、その趣旨が役職員に理解されず、形骸化しがちです。各施策の役割が明確になっているかが、監査における最初の着眼点となります。

2つ目の着眼点は、役割に照らし各施策の内容は適切か、また、十分か、ということです。たとえば、コンプライアンス規程・マニュアルには、その役割に照らして、どのようなことが記載されているべきなのか、といった内容の善しあしを問うことになります。

3つ目の着眼点は、各施策の役割が明確で、かつ、内容としても適切、十分であるとしても、それがきちんと機能しているのか、ということです。たとえば、コンプライアンス・マニュアルを役職員が読んでおらず、まったく活用されていないとすれば「実効性」がなく、形骸化してしまっている、ということになります。

b　金融検査の指摘事例

上記の着眼点について学ぶための良い題材としては、金融庁から公表されている「金融検査結果事例集」があります。監査を行う際の着眼点として非常に参考になる内容となっています。

以下では、具体的な金融検査の指摘事例をあげ、3つの着眼点に照らして問題点を解説します。

まず、コンプライアンス・プログラムに関する指摘事例です。

>●金融検査指摘事例（コンプライアンス・プログラム）
>コンプライアンス・プログラムについて、各部署が抱える重要な課題を反映していないなど不十分なものとなっているほか、同プログラムの中間期の進捗状況の評価において、未履行事項の原因分析を行っていないなど、フォローアップも不十分なものとなっている。

第1点目のコンプライアンス・プログラムの「役割」は何かということですが、この事例の記載からはわかりませんので、「全社的にコンプライアンスを推進していくための年度ごとに作成される計画」であると仮定します。

　そのうえで、2点目の「適切性」の観点からみると「全社的な取組計画」であるとすれば、当該年度に各部署がコンプライアンスについて何を行うのか計画されていることが、その役割に照らして適切な内容といえるでしょう。

　ところが、この金融機関のコンプライアンス・プログラムは「各部署が抱える重要な課題を反映していない」と指摘されています。

　たとえば、コンプライアンス統括部署における当該年度の取り組み事項は書いてあるものの、その他の部署等については何も書かれていないとします。コンプライアンス統括部署における取り組みしか書かれていないプログラムは、その役割に照らすと内容として足りない、という評価になります。

　あるいは、昨年度の内部監査で、ある部署でコンプライアンス上の重要な指摘があり、それについてまだ改善されていないとします。当然、「今年度、当該部署が取り組むべきコンプライアンス上の重要事項としてプログラムに記載すべきではないか」という指摘につながります。

　いずれのケースについても、全社的なコンプライアンスの推進という役割に照らし、コンプライアンス・プログラムの内容は不適切で、十分とはいえないことになります。

3点目の「実効性」の観点からみると、「未履行事項の原因分析を行っていないなど、フォローアップも不十分なものとなっている」と記載されています。

 計画に照らしてプログラムの進捗が実際に遅れているだけでなく、「遅れている部分をどのように取り戻していくのか」、「プログラム自体、遅れている原因をふまえて修正する必要があるのか」といった分析もなされていない点で、プログラムの実効性が徐々に失われており、形骸化しつつあるという評価につながります。

 次に、コンプライアンス・マニュアルに関する指摘事例です。

> ●**金融検査指摘事例**（コンプライアンス・マニュアル）
> コンプライアンス・マニュアルについては、個人情報の保護に関する法律の施行等が行われているにもかかわらず、これらをふまえた適時適切な見直しが行われていない。

 上記事例では、個人情報保護法が施行されたにもかかわらず、コンプライアンス・マニュアルにその記載がないと指摘されています。

 コンプライアンス・マニュアルは、通常、役職員が遵守すべき法令等をまとめて、具体的に解説するために作成されるものです。同マニュアルをみれば、コンプライアンスの実践とし

て、何をどうすればよいのかがわかる「オールインワン」のハンドブックであるはずのものです。したがって、個人情報保護法という遵守が必要な法令について記載がないマニュアルは、内容的に不十分であるという評価につながります。

　最後は、コンプライアンスに関する組織・体制の整備状況についての指摘です。

> **●金融検査指摘事例（組織・体制）**
> コンプライアンス委員会は、設置規定がなく構成員も決められていないほか、コンプライアンス・オフィサーは、兼任している他の業務が多忙なため、コンプライアンス担当者に対する必要な指導・監督を行っていないなど、支店経営陣による法令等遵守態勢の取り組みはいまだ不十分である。

　上記事例では、コンプライアンス委員会の設置規定が定められていないと指摘されています。設置規定がなければ、コンプライアンス委員会では、だれが、何について討議し、何を決める機関なのか、その役割が不明確となり、徐々に形骸化していく可能性があります。
　また、上記事例では、業務多忙から、支店に設置されたコンプライアンス・オフィサーやコンプライアンス担当者が実効性のある取り組みができていない点を指摘しています。

3 反社会的勢力との関係遮断の監査ポイント

　平成19年6月19日には、反社会的勢力との関係遮断の取り組みをいっそう推進するために、「企業が反社会的勢力による被害を防止するための指針」(犯罪対策閣僚会議幹事会申合せ。以下「政府指針」)が公表されました。

　これに関して、金融検査マニュアルには、反社会的勢力との関係遮断に係る検証ポイントが盛り込まれているほか、監督指針も改正されました。

　反社会的勢力との関係遮断については、社会からの信頼確立のために態勢強化が強く要請されているテーマの1つとなっています。

(1) 反社会的勢力の定義・範囲

　反社会的勢力との関係遮断に関する態勢を整備するためには、まず、「反社会的勢力」の定義・範囲を金融機関の内部で明確化する必要があります。

　実は、反社会的勢力についての法律上の定義はなく、金融庁も「反社会的勢力について限定的に定義することは、その性質上そぐわないものと考える」として、金融検査マニュアルのなかで具体的な定義・範囲を示していません。

しかし、反社会的勢力の定義・範囲は、態勢を整備するうえでの出発点であり、これが明確でなければ管理はおぼつかなくなってしまいます。

　この点、政府指針では、反社会的勢力を、「暴力、威力と詐欺的手法を駆使して経済的利益を追求する集団又は個人」であるとしたうえで、「暴力団、暴力団関係企業、総会屋、社会運動標ぼうゴロ、政治活動標ぼうゴロ、特殊知能暴力集団等といった属性要件に着目するとともに、暴力的な要求行為、法的な責任を超えた不当な要求といった行為要件にも着目することが重要である」と指摘しています。

　政府指針では、このように属性要件をベースにして、行為要件をも加味した考え方が具体的に示されているため、多くの金融機関が、反社会的勢力の定義・範囲を考えるうえでの目安としています。

　また、反社会的勢力の対象者については、暴力団の構成員等が含まれるのは当然として、その家族や同居人などの周辺者や関係者をどのように扱うのか、という問題もあります。

　こうした問題は、年々、反社会的勢力との関係遮断に関する社会的要請が高まっていることや、金融機関の信用、評判維持といった観点を含めて考慮する必要があります。金融機関が横並びで決められる問題ではなく、（地域）社会の目線に立って慎重に決定されるべきでしょう。

(2) 態勢整備・検証のポイント

a 組織全体としての対応

　反社会勢力との関係遮断に関する態勢を整備するにあたって、まず、重要なことは、経営トップ以下、組織全体として対応することです。

　具体的には、反社会的勢力との関係遮断について経営トップが宣言し、取締役会において基本方針を決議します。倫理規定等にも反社会的勢力との関係遮断を明記します。そして、反社会的勢力の対応部署と担当役員を定めるとともに、関係各部署や役職員の役割と責任を内部規定等で明確にします。

　反社会的勢力からの不当な要求は、企業活動や役職員の不祥事を理由とするものが少なくありません。どのような場合であっても、反社会的勢力と裏取引や資金提供などを行わず、組織として毅然とした対応をとることができるように内部管理態勢を整備することが重要です。

b 外部専門機関との連携

　反社会的勢力に対応するには、民事上の法的措置だけでなく、刑事事件化を躊躇しないことが大切です。そのためには、弁護士、警察や暴力追放運動推進センターなど外部の専門家、専門機関との緊密な関係を構築し、有事の際に連絡や相談ができるようにしておくことが重要です。

c　すみやかな関係遮断

　反社会的勢力と完全に判明した段階で関係遮断するのは当然のこととして、その疑いが生じた段階でも、取引解消に向けた措置を講じたり、継続的に相手を監視する必要があります。

　特に、金融機関の場合、融資などの取引に関して、その解消に一定の期間を要することもありますが、新規融資は拒絶しつつ、可能な限りすみやかに既存取引を終了させることが大切です。

d　契約書、取引約款への暴力団排除条項等の記載

　反社会的勢力との関係遮断を図るうえでは、契約書や取引約款等に「暴力団排除条項」を盛り込んだり、契約の際に「自分が反社会的勢力ではない」との申告を求めて、虚偽の申告（不実の告知）があったとき、契約解除できるようにしておくことが有用です。

e　反社会的勢力に関する情報収集、該当性チェック

　暴力追放運動推進センターなどの外部情報を収集・活用しながら、反社会的勢力の情報を集約したデータベースを構築することは有用です。

　新規の取引先に関しては、データベースと照合して該当がないかチェックします。また、既存取引先や株主・出資者についても、定期的に、該当性チェックを行うことが大切です。

f　取引謝絶や不当要求など有事の際の対応手順

　反社会的勢力と判明した時点、あるいは、不当な要求があった際に、冷静な対応をすることはなかなかむずかしいものです。企業活動や役職員の不祥事、ミスを理由とする要求であった場合であれば、なおさらです。

　取引謝絶や解消のときの応対方法、民事上の法的措置、刑事事件化する場合の手順などを、あらかじめマニュアルのなかで定め、平素から職員研修などで周知徹底しておくことが大事です。

●反社会的勢力に対応する基本原則

①　組織としての対応

②　外部専門機関との連携

③　取引を含めた一切の関係遮断

④　有事における民事と刑事の法的対応

⑤　裏取引や資金提供の禁止

(注)　政府指針より。

●内部統制の構成要素からみた留意点

①　統制環境

　・反社会的勢力との関係遮断の宣言（経営トップ）

　・反社会的勢力との関係遮断の基本方針の決議（取締役会）

- 反社会的勢力との関係遮断の企業倫理規定等への明記
- 契約書や取引約款等への暴力団排除条項の導入
- 反社会的勢力との関係遮断のための組織・体制の整備

② リスク評価
- 反社会的勢力との取引、不当要求への応諾、裏取引などのリスク認識（企業の存立を危うくする多大なリスク）

③ 統制活動
- 不当要求への対応マニュアルの策定。
- 不当要求防止責任者講習の受講、社内研修の実施
- 反社会的勢力との癒着防止のため、適正な人事配置転換
- 表彰や懲戒

④ 情報と伝達
- 不当要求がなされた場合の情報集約、指揮命令系統の明確化
- 反社会的勢力の情報を集約したデータベースの構築
- 外部専門機関への通報、連絡の手順化

⑤ 監視活動
- リスク・マネージャー、コンプライアンス・オフィサー等の配置

（注）「企業が反社会的勢力による被害を防止するための指針に関する解説」を参考に記載。

4　不祥事件防止態勢の監査ポイント

　不祥事件防止態勢は、通常、コンプライアンス態勢の一環として整備されます。

　金融機関の不祥事件といえば、顧客の預貯金等の不正な引出しや、預り金の着服、あるいは、架空の利殖商品による金銭の詐取など、刑罰法規に抵触するような行為であり、本来的には、コンプライアンス研修等により周知徹底するまでもなく、禁止事項として認知されているものがほとんどです。

　しかしながら、たとえば、なんらかの事情で多重債務者となった従業員が身近にある金品等を着服する誘惑にかられることも現実問題として起きています。

　不祥事件の防止にあたっては、金融機関の役職員が誘惑にかられて不正行為に及ばないようにすること、そして、金融機関の信用だけでなく、役職員自身を守ることが重要です。

(1) 不正のトライアングル

　不正行為が起きる仕組みを説明する理論としては、米国の組織犯罪研究者ドナルド・R・クレッシーが提唱した「不正のトライアングル」がよく知られています（図表4-5参照）。

　この理論では、①不正行為が起きうる「機会」を認識し、②

不正行為に及ぶ「動機」(強いプレッシャー)をもつ者が、③自分は不正を犯しても許される「正当化」理由(言い訳)があると感じたとき、不正行為は起きるのだと考えられています。

これまで、多くの金融機関では、不祥事件を起こさないようにするために「機会」をなくすことに重点を置き、監視活動をふやすなどの対応をとってきました。しかし、現実には、不正行為が起きうる「機会」を完全になくすことはできないうえ、日常的な業務運営も非効率になってしまいます。

そこで、最近では、「動機」や「正当化」に働きかける対策にも取り組む金融機関がふえてきました。具体的には、多重債務者の相談窓口を設けて、ローンをあっせんしたり、職場のコミュニケーションを活性化して信頼関係の構築に努めています。また、不祥事件の当事者と家族がたどる悲惨な将来をビデオ化して研修でみせるなど不正行為を思いとどまらせようとする取り組みもみられるようになりました。

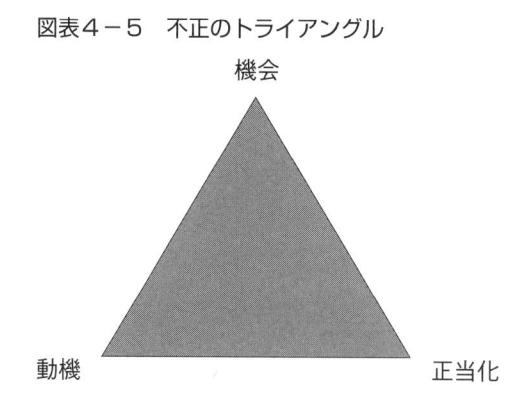

図表4-5 不正のトライアングル

(2) 態勢整備・検証のポイント

a　本部関係部署と支店の連携強化

　金融機関における不祥事件防止態勢を整備する際は、上述のとおり、「不正のトライアングル」理論にもとづいて、「機会」「動機」「正当化」それぞれに働きかける各種施策をバランスよく講じることが重要です。

　不祥事件防止の各種施策は、人事部、事務統括部、コンプライアンス統括部など複数の本部各部署において検討され、実行に移されます。そして、営業現場である支店等がほとんどの施策の実施を担うことになります。

　たとえば、不祥事件防止の観点から、人事部が「人事ローテーション」や「連続休暇制度」の導入を決め、また、事務統括部は「異例扱い事務の取扱いの厳格化」を決めることはよくあることです。きちんと機能すれば、いずれも不祥事件の防止に役立つ施策です。

　しかし、本部が別々に実施を指示した諸施策の負担が大きくなり、営業現場で実施し切れなくなり、形骸化してしまうこともあります。

　金融検査結果事例集をみると、「計画で徹底するとされた連続休暇の取得等が守られていない」「業務改善計画において顧客からの預り物件の管理の厳正化に取り組むとしているにもかかわらず、依然として通帳の簿外預りが認められる」など防止施策の実効性が欠けている事例が多く掲載されています。

各種施策が本部の複数部署において策定されていることにかんがみれば、本部の各部署間、また、本部各部署と支店等との間の連携関係の強化が重要になります。

b　経営陣によるガバナンス機能の発揮

　不祥事件防止態勢の実効性を高めるためには、経営陣によるガバナンス機能の発揮も重要な要素です。

　たとえば、多くの関係部署の連携を図って、各種施策の調整を行うには、経営陣の適切な関与が必要となるからです。

　また、重大な不祥事件が発生したとき、経営陣はその実態と原因の解明に取り組まなければなりません。金融当局への報告やマスコミ対応などを適切に行い、再発防止策をまとめて信頼回復に向けてリーダーシップを発揮することが求められます。

　ある金融機関では、経営陣が不祥事件の発生を認識していながら、内部規定に反する指示を行い、当局への報告を怠るなど事案の隠蔽を図ったため、行政処分を受けた事例があります。この金融機関では、経営陣によるガバナンスを欠いたため、その後、不祥事件防止態勢の是正が遅れ、不祥事件の再発や看過を引き起こす、という悪循環に陥ってしまいました。まさに経営陣が肝に銘ずべき不適切な事例であるといえます。

5 コンプライアンス態勢の改善

(1) 形骸化を招く要因

　コンプライアンス態勢に係る各種施策は、きちんと実施されれば効果の高いものであっても、残念ながら支店等の現場ではその実施が形骸化していることは、決して珍しくありません。コンプライアンスに係る各種施策について、形骸化を招く要因としては、さまざまなものが考えられます。

　たとえば、組織全体、あるいは、特定の営業店等において、収益偏重の姿勢が強く、コンプライアンスに係る施策が軽視されているため、形骸化を招くことがあります。
　この場合、「収益と内部管理のバランス」が図られていないという点で、金融機関（営業店）経営の基本姿勢に形骸化の要因があることになります。

　コンプライアンス態勢に係る関係部署は多く、各管理部署の担当も細分化される傾向があります。
　この場合、各統括部署が専門性を発揮して、緻密な管理態勢が構築される半面、現場における管理負担への考慮が不十分な

まま、膨大なルールや手続が作成されます。しかも、それらは理解や遵守が容易ではない複雑多岐にわたるものとなることがあります（「マニア化」）。

また、本部各部署が「縦割り」となり、関係部署間の連絡・連携が不足したために施策間の重複や不整合（たとえば、コンプライアンス・チェックと自店検査項目）が生じることもあります（「たこつぼ化」）。

このように、現場レベルで各種施策の実施が形骸化しているのは、実は、本部機能の「細分化」「縦割り」による弊害の結果である、ということも少なくありません。

(2) 実効性を高めるために

内部監査において、営業店における各種施策の形骸化を問題視して、営業店に対して、各種施策の実施徹底を促すだけで、はたして改善につながるでしょうか。

内部監査では、各種施策の形骸化を招いている要因を分析して、本部機能の「細分化」「縦割り」による弊害があるのであれば、本部に対して改善を図るように促すことが重要です。

「細分化」され「縦割り」となった本部組織に横串を刺して、諸施策間の整理や共通化・横断化を行って、効率的な管理態勢を構築することが望まれます。

金融検査マニュアルで求める態勢整備のため、さまざまな施策の実施が求められている、との声も聞かれますが、金融当局としても、内部管理態勢をいたずらに肥大化・複雑化させることを求めてはいないはずです。

　「縦割り」の組織の壁に「横穴」を開けて、コンプライアンスを含む、内部管理態勢の実効性を上げることができるか否かは、まさに「経営陣の目」として、組織全体を見渡すことができる内部監査の機能発揮に負うところが大きいといえます。

第5章 システム監査のポイント

1 システム監査とは

(1) システム監査の定義

金融情報システムセンター(FISC)が策定した「金融機関等のシステム監査指針」(FISCシステム監査指針)では、「システム監査」を以下のように定義しています。

> ●システム監査の定義
> 情報システムリスクおよび当該リスクから派生して生ずる各種リスクを適切に管理するために、ITコントロールの有効性について、業務の執行部門から独立したシステム監査人が客観的かつ専門的な立場から検証し、問題点を発見し、必要な改善提案を経営者に対して行うための活動

システム監査とは、システムリスクの回避、低減のために、組織や業務プロセスに組み込まれたITコントロールの有効性を評価し、改善提案を行うことで、ITリスクマネジメントをより確実にすることを目的としています。

業務運営の多くの部分をITに依存する金融機関においては、システム監査は、経営上、重要な役割を担っています。

(2) ITコントロール

システム監査の対象となる「ITコントロール」とは、一言でいえば、「情報システムに関する内部統制」のことです。FISCシステム監査指針では、ITコントロールを「情報システムリスクを制御するために人の活動や機器の動作、または、そのシステムやプロセスに対して意味ある影響を及ぼす体系的な活動」と定義しています。

情報システムに関する内部統制は、「全般統制」と「業務処理統制」の2つに大別して考えることができます。

「全般統制」とは、システム全体の企画・開発・運営・管理などに関する統制活動を意味します。「全般統制」には、自動化された統制だけでなく、人間による統制が多く含まれます。ITに係る方針・ルールの整備とその遵守、牽制・監視に関する統制活動なども含まれます。

「業務処理統制」とは、特定の業務で利用されるアプリケーションに適用される統制活動を意味します。アプリケーションに組み込まれ、自動化された統制だけでなく、手作業の統制と一体となって機能する統制もあります。

「全般統制」が、各業務のアプリケーションシステムに適用されて、継続的かつ適切に機能することで「業務処理統制」がよりいっそう、有効に機能するようになります。

●**全般統制の例**

① システム開発方針・基準・手順の制定
② 情報システムに関する運用業務の統制活動
 ・適切なプログラム使用のためのライブラリ管理
 ・プログラム実行のスケジュール管理
③ 情報セキュリティに関する統制活動
 ・セキュリティ・ポリシーの制定
 ・IDとパスワードによるアクセス管理
④ 外部委託の統制活動
 ・委託先の選定基準
 ・サービスレベルの基準の明確化

●**業務処理統制の例**

① アプリケーションに組み込まれ、自動化された統制
 ・エディット・チェック
 ・マッチング
 ・コントロール・トータル・チェック
 ・アクセス・コントロール
② 手作業の統制と一体となって機能する統制
 ・担当者によるチェックのためのエラーリスト出力
 ・一定の条件を超える業務取扱いについての管理者による確認のための例外リスト出力

⑶ システム監査の指針、ガイドライン

　金融機関がシステム監査を実施する際に参考とすべき指針、ガイドラインとしては、以下のようなものがあります。

a　金融検査マニュアル

　金融検査マニュアルは、金融庁の検査官が金融機関を検査するときに用いる手引書です。金融検査マニュアルに記載された検査項目は金融機関の業務の健全性と適切性等を確保する観点からまとめられており、金融機関の業務運営のガイドラインとしての性格も併せ持っています。

　金融検査マニュアルのなかに「システムリスク管理態勢の確認検査用チェックリスト」がありますが、これを活用することにより、システムリスクの管理態勢が適切に整備されているかを検証することが可能となります。

b　FISCシステム監査指針

　金融情報システムセンター（FISC）が策定した金融機関向けのシステム監査指針には、システム監査の意義や目的のほか、着眼点、実施手順などが具体的に記載されています。

　このため、上記（ａ）の金融検査マニュアル「システムリスク管理態勢の確認検査用チェックリスト」と並んで、多くの金融機関が、システム監査の基準として採用し、監査実務に活用しています。

c 経済産業省 システム監査基準・同管理基準

経済産業省は、一般企業を対象にして、システム監査基準とシステム管理基準とを策定しています。

経済産業省のシステム監査基準は、システム監査業務の品質を確保し、有効かつ効率的に監査を実施することを目的とする監査人の行為規範です。

また、システム管理基準は、システム管理の有効性を高める目的で策定された実務的な基準です。システム監査を行ううえでは、判断の1つの尺度として活用できます。

d 経済産業省 情報セキュリティ監査基準・同管理基準

経済産業省は、一般企業を対象にして、情報セキュリティ監査基準と情報セキュリティ管理基準を策定しています。

経済産業省の情報セキュリティ監査基準は、情報セキュリティ監査業務の品質を確保し、有効かつ効率的に監査を実施することを目的とする監査人の行為規範です。

また、情報セキュリティ管理基準は、情報セキュリティ管理の有効性を高める目的で策定された実務的な基準です。情報セキュリティ監査を行ううえでは、判断の1つの尺度として活用できます。

e COBIT

Control Objectives for Information and related Technologyの略称です。

情報システムコントロール協会（ISACA）・ITガバナンス協会（ITGI）が取りまとめた情報技術（IT）管理に関するベストプラクティス集です。国際的に広く知られたシステム管理基準として、デファクト・スタンダードとなっています。

2 システムリスク管理態勢の監査

(1) 金融検査マニュアルの構成

本章では、システム監査のポイントを、金融検査マニュアル「システムリスク管理態勢の確認検査用チェックリスト」にしたがってみていくことにします。チェックリストは以下の3部構成になっています。

① 経営陣によるシステムリスク管理態勢の整備・確立状況
② 管理者によるシステムリスク管理態勢の整備・確立状況
③ 個別の問題点

経営陣が果たすべき役割・責務と、管理者が果たすべき役割・責務、そして、個別の問題点を明確にするとともに、経営トップから担当者に至るまでの各段階におけるシステムリスク管理態勢を評価するポイントを示しています。

システム監査では、単に個別のITコントロールの有効性を検証するだけではなく、現行のシステムリスク管理態勢全体を客観的に検証して、問題があれば、常に改善を働きかけることが重要です。

(2) 経営陣が果たすべき役割・責務

金融検査マニュアルをみると、システムリスク管理における経営陣の役割・責務として、以下の事項があげられています。

① システムリスク管理方針の策定
② 内部規程・組織体制の整備
③ システムリスク管理態勢の評価・改善活動

システムリスク管理は、専門性が高い分野ですが、経営陣はリーダーシップを発揮し、システムリスク管理部門を通じて、上記事項を含め、システムリスクの管理態勢を整備、運用することが求められています。

システム監査では、経営陣の適切な関与のもとで、システムリスクの管理態勢が有効に整備、運用されているか、を継続的に検証することが重要です。

システムリスク管理方針や内部規程・組織体制の整備状況を形式的にチェックするだけでは不十分です。経営陣がシステムリスク管理態勢の評価・改善活動にどのように関与しているかをみることが重要です。

もし、管理者、担当者の段階で問題が発見された場合、それが改善に結びつかなかったのはなぜか、あるいは、経営レベルで有効に機能していなかった点がないか、という視点で検証を行うことが重要です。

(3) システムリスク管理部門が果たすべき役割・責務

　金融検査マニュアルでは、システムリスク管理者または同部門の役割・責務として、経営陣の指示にしたがって、システムリスク管理規程を整備すること、そして、システムリスクの特定・評価、モニタリング、経営陣への報告を行うことがあげられています。

　システムリスク管理規程を整備するにあたっては、以下の事項を定めて、記載する必要があると記載されています。

① システムリスク管理部門の役割・責任
② システムリスク管理対象とするリスクの特定
③ システムリスク評価方法
④ システムリスクのモニタリング
⑤ 経営陣への報告

　システムリスクを特定・評価するにあたっては、EUC（エンド・ユーザー・コンピューティング）の進展に伴いユーザー部門に重要なシステムが配置されるようになったり、インターネット・バンキングが拡大していることなどをふまえ、新技術やネットワークの拡充等に伴い多様化するシステムリスクへの認識を深めて、リスクの見落としがないように留意することが強調されています。

そして、システムリスクをモニタリングし、経営陣に報告するにあたっては、システムリスクの状況変化が、経営陣に的確かつ迅速に伝達され、改善に結びつけることができるように、報告頻度と内容に留意することの重要性が指摘されています。

●**システムリスク管理部門の検証ポイント**

① システムリスクの特定・評価
 ・勘定系・情報系・対外系・証券系・国際系など、システム全般に通じるリスクを認識・評価しているか。
 ・EUC等ユーザー部門等が独自にシステムを構築した場合も当該システムのリスクを認識・評価しているか。
 ・ネットワークの拡充や新技術の進展等によりリスクが多様化・増加していることを認識・評価しているか。
 ・インターネット等を利用した取引について、非対面性、第三者の関与の可能性など、特有のリスクの所在を理解し、当該リスクを認識・評価しているか。

② システムリスクのモニタリング、経営陣への報告
 ・システムリスクの状況変化をとらえられるように適切な頻度でモニタリングを行っているか。
 ・経営陣がシステムリスクの状況の評価結果にもとづき、改善を図ることができるように適切な内容の報告を行っているか。

(4) 個別の問題点

金融検査マニュアルでは、さらに個別の問題点として、以下の事項に関して検証することの重要性を指摘しています。

① システム企画・開発・運用態勢の整備
② 外部委託先の管理
③ 情報セキュリティ管理の徹底
④ 防犯・防災対策、事業継続

a システム企画・開発・運用態勢の整備

システム企画では、機械化委員会などの審議機関を設置し、全社的な観点でシステム投資を決定することが求められます。

システム開発では、システムの品質を確保し、障害の発生を防ぐために、プログラム作成の標準規約等を策定して、十分なテストとレビューを行い、一定の基準でシステム移行を判定する態勢を整備することが重要です。

システム運用では、開発と運用の分離など職務分担を明確化したり、システム障害を記録し、障害内容の定期的分析、対応策の検討を行うことが重要です。特に重大な障害が発生したときは、システムリスク管理部門あるいは取締役会に迅速に報告を行うよう、態勢の整備を図る必要があります。

●システム企画・開発・運用態勢に関する検証ポイント

① システム企画
- 全社横断的な審議機関（機械化委員会等）の設置
- 中長期の開発計画の策定
- 開発案件の検討・承認ルールの整備
- システム投資効果の検討と取締役会への報告

② システム開発
- システム開発に関する規定の制定
- プログラム作成の標準規約等の制定
- 十分なテストやレビューの実施
- 総合テストへのユーザー部門の参加
- 内容に理解のある役職員による検収
- システム移行責任者の明確化
- 移行計画、移行判定基準の策定

③ システム運用
- 職務分担の明確化（開発と運用の分離）
- 指示書にもとづくオペレーションの実施、記録、点検
- 本番データの厳格な管理
- システム障害の記録
- 障害内容の定期的分析と対応策の検討
- 重要障害のシステムリスク管理部門、取締役会への報告
- 外部委託先におけるシステム障害の発生報告の受領

b　外部委託先の管理

　金融機関のシステム関連業務について、アウトソーシングが進んでいます。

　しかし、外部委託先に対する管理責任は、委託者である金融機関が負うことを忘れてはいけません。アウトソーシングをしても、システムリスク管理のレベルは、内部管理の基準と同等の水準を維持する必要があります。金融機関のシステム管理において、外部委託先の管理は重要な課題です。

　金融検査マニュアルで具体的に示された外部委託先管理に関する検証ポイントは、以下のとおりです。

●外部委託先管理の検証ポイント

・外部委託先のシステムリスクに関する評価の実施
・委託者（金融機関）による監査または外部監査の実施
・外部委託先と委託者（金融機関）間のセキュリティレベルの合意
・外部委託先の企画・設計・開発・テストに対する委託者（金融機関）の関与
・外部委託先のシステム開発標準ルールの遵守状況、品質管理状況の確認
・システム運用状況に関する委託者（金融機関）への定期報告
・システム障害発生時の連絡体制

---

c　情報セキュリティ管理の徹底

金融機関は、顧客、取引情報をはじめとして、多くの重要な情報を扱うため、情報セキュリティ管理を徹底することが求められます。

昨今では、内部者による情報漏えい事件の発生や、外部からのサイバー攻撃の大規模化・巧妙化などもあり、日々、情報セキュリティ対策を高度化していく必要に迫られています。

金融機関は、セキュリティ管理者を置き、統一された方針にもとづいて、組織全体の情報セキュリティを管理する態勢を整備することが重要です。

金融検査マニュアルでは、情報セキュリティ管理の対象が、システムの企画、開発、運用、保守等の各段階にわたっているか、あるいは、システム、データ、ネットワークなどシステム全体をカバーしているか、などを検証ポイントとしています。

●**セキュリティ管理者の役割・責任に関する検証ポイント**

① システムの企画、開発、運用、保守等にわたるすべてのセキュリティ管理を行っているか。
② システム、データ、ネットワーク管理上のセキュリティに関することについて統括しているか。
③ 重大な事件・障害・犯罪等に関するセキュリティ上の問題を、システムリスク管理部門に連絡しているか。

d 防犯・防災対策、事業継続

コンピュータシステムの安全性を脅かす要因として、コンピュータ犯罪・事故や災害などがあげられます。金融検査マニュアルでは、これらの脅威に対しても、以下のような適切な対策をとることを求めています。

●**防犯・防災対策、事業継続に関する検証ポイント**
・防犯・防災組織の設置、責任者の明確化
・コンピュータ犯罪・事故の防止策の策定
・重要データ・プログラムのバックアップ
・コンティンジェンシープランの策定
・訓練の実施

また、東日本大震災により、事業継続の必要性への認識が高まり、多くの金融機関では、これまで整備を進めてきた事業継続計画について再検証を進めています。

耐震設備工事、コンピュータシステムの二重化など業務を中断させないための対応策の検討や、緊急連絡網の整備、データバックアップの取得など、業務を早期に復旧させる対応策について問題がないか、早急に見直しを行う必要性があります。

今後の事業継続計画の見直しにあたっては、地震、津波への対策強化が主なポイントとなると思われますが、以下に掲げるような視点から、より幅広く、体系的に事業継続計画の再評価

を行い、事業継続計画が、不測の事態においても有効に機能しうるよう戦略的に見直しを図ることが重要です。

　内部監査部門としては、事業継続計画の見直しが終わるのを待つのではなく、事業継続計画の見直しプロジェクトにオブザーバーとして参加したり、見直しの各フェーズにおいて検証を行うことを検討すべきです。

> ●**事業継続計画の検証ポイント**
> ① 各業務が停止した場合の影響度を分析し、影響度に応じた優先度を設定しているか。
> ② 業務を停止させる脅威および優先的に保護すべき経営資源（人、場所、情報システム等）を洗い出しているか。
> ③ 脅威が発生した際に経営資源に複合的に影響を与えるシナリオを想定しているか。
> ④ 業務を停止させるおそれのある脆弱性を洗い出し、その対応の必要性が検討され、必要と判断された事項に対し確実に対応しているか。
> ⑤ 業務が停止した際に、復旧を遅れさせたり、被害を拡大させたりするおそれのある脆弱性を洗い出し、その対応の必要性が検討され、必要と判断された事項に対し確実に対応しているか。

3　IT環境の変化と今後の課題

(1) 金融情報システムの信頼性への要求の高まり

　金融機関におけるIT利用は高度に進展し、金融機関の情報システムは、いまや金融機関だけでなく、社会全体にとっての重要インフラとして不可欠な存在となっています。

　ある金融機関でシステム障害が発生すると、その影響は社会全体に及ぶ可能性があるため、金融機関の情報システムに求められる信頼性のレベルはいっそう高まっています。システム障害の発生をいかに抑止していくかは、今後もシステムリスク管理における主要なテーマといえるでしょう。

　システム障害発生のリスクは、新しいシステムの開発やシステムの変更によって高まります。したがって、システム監査においては、システム開発の各工程における品質管理のあり方を検証することが重要です。

　また、既存システムについても、日常的な障害発生の状況をフォローし、本質的な課題や問題がないかを深く分析する必要があります。システム監査においては、こうしたシステム障害の管理プロセスの有効性を検証することが重要です。

(2) 大規模プロジェクトの展開

　近年、金融機関の経営統合・合併に伴うシステム統合プロジェクトが実施されています。また、複数金融機関でのシステムの共同利用や自社内での重要システムの更改など戦略的なシステム導入プロジェクトも数多く実施されています。今後もシステム統合等の大規模プロジェクトは継続的に発生するでしょう。

　システム統合等の大規模プロジェクトに関しては、リスクが多岐にわたって存在するうえ、システムダウン等が起きた場合には、金融機関の顧客取引と決済システムにきわめて重大な影響を与えます。このため、経営陣、関係部署は、緊密に協調して、高度なプロジェクト管理、リスク管理を行う必要があります。

　システム統合等の大規模プロジェクトは、統合の範囲、内容、方法等の実態により、プロジェクトの個別性が高いため、システム監査において、画一的な視点で検証を行うことは必ずしも適当ではありません。しかし、金融検査マニュアルには、「システム統合リスク管理態勢の確認検査用チェックリスト」として、体系的かつ幅広い視点から検証ポイントが列挙されていますので、システム監査を行う際の参考になります。

　また、近年、システム統合等の大規模プロジェクトに関して、システム企画からシステム移行までの各フェーズで監査部門が必ず検証を行い、次のフェーズへの移行判定を行う金融機関もふえています。

(3) クラウド・コンピューティングの進展

　クラウド・コンピューティングは、コストがかからず、迅速な導入が可能なため、金融機関においても、その利用が進み始めました。現時点では、基幹系・勘定系システム以外のノンコアシステムでの利用が中心ですが、今後も利用領域は拡大していくものと思われます。

　しかし、クラウド・コンピューティングは、新しいサービスであるだけに、現時点で、なお解決されていない課題も少なくありません。

　たとえば、①クラウド環境上に保存されたデータの物理的な格納場所がどこか、その所在を特定することがむずかしい、②クラウド環境下でのプログラム作成の標準化が進んでいないため、他の環境へのプログラム移植が容易ではない、③クラウド事業者が基本的なサービスレベルを決める契約になっており、必ずしもユーザーの要求が受け入れられないことがある、などが指摘されています。

　今後、クラウド事業者が、利用者ニーズをふまえて、対応策を検討し、さまざまな提案を行う可能性はあります。しかし、現時点では、少なくとも、上記リスクを十分に認識したうえで、クラウド・コンピューティングの導入可否を検討することが求められます。一部の金融機関では、顧客データなど重要なデータを扱わないことを前提に、クラウド・コンピューティングの導入を認める先も現れました。

なお、クラウド・コンピューティングのシステム監査の現状を述べれば、利用者がクラウド・コンピューティングの内部監査を行おうとしても、クラウド事業者がデータセンターへの立ち入りを認めなかったり、十分な監査証跡を提供しないケースもみられます。

　将来、金融機関が基幹系・勘定系を含め、クラウド・コンピューティングを本格的に導入・活用する可能性もありますが、そのときは、クラウド・コンピューティングのシステム監査をどのように実施するのか、ITガバナンスの点で、有効なシステム監査を行いうるのか、を明確にする必要があると思います。特に、クラウド事業者とユーザーが責任範囲を明確にして、監査を分担して実施する体制をいかにして構築するかがポイントとなるでしょう。

【参考文献・資料】

■全章
・内部監査人協会（IIA）「内部監査の専門職的実施の国際基準・用語一覧」(㈳日本内部監査協会仮訳、2011年)
・金融庁「内部監査・外部監査に関する検査マニュアルの充実について」(2001年4月)
・金融庁「金融検査マニュアル（預金等受入金融機関に係る検査マニュアル）」(2012年)
・バーゼル銀行監督委員会「銀行組織における内部管理体制のフレームワーク」(日本銀行仮訳、1998年8月)
・バーゼル銀行監督委員会「銀行の内部監査および監督当局と監査人の関係」(日本銀行仮訳、2001年8月)
・バーゼル銀行監督委員会「コーポレート・ガバナンスを強化するための諸原則」(日本銀行仮訳、2010年10月)
・COSO「内部統制の統合的枠組み」(鳥羽至英、八田進二、高田敏文訳、白桃書房、1996年5月)
・COSO「全社的リスクマネジメント」(八田進二監訳、中央青山監査法人訳、東洋経済新報社、2006年12月)

■第1章
・FIAPワーキンググループ「金融内部監査の実施のポイント」(㈳日本内部監査協会 金融内部監査実務講座講義資料、2007年12月)
・碓井茂樹「金融内部監査の現状と高度化への課題」(㈳日本内部監査協会CIAフォーラム研究会資料、2008年4月a)
・碓井茂樹「内部監査の理解と高度化のポイント」(日本銀行金融高度化セミナー資料、2008年6月b)
・碓井茂樹「金融内部監査の現状と高度化への課題」(日本金融監査協会研修セミナー資料、2011年6月a)

■第2章
・伊佐地立典・長岡茂「金融内部監査の実践テクニック」(日本金融監査協会研修セミナー資料、2012年9月)

・伊佐地立典（監修）、有限責任監査法人トーマツ金融インダストリーグループ（編）「金融機関の内部監査―金融検査マニュアル対応と実践的監査スキルの要点」（中央経済社、2011年5月）

■第3章
・FFR+（編著）「リスク計量化入門―VaRの理解と検証」（金融財政事情研究会、2010年5月）
・碓井茂樹「リスク計量化入門―VaRとストレステスト、シナリオ分析」（日本金融監査協会研修セミナー資料、2011年5月b）
・碓井茂樹「金融危機後のリスクマネジメント」（日本銀行金融高度化セミナー資料、2012年12月）
・バーゼル銀行監督委員会「健全なストレス・テスト実務及びその監督のための諸原則」（2009年8月）
・シニア・スーパーバイザー・グループ（SSG）「リスクアペタイト・フレームワークとITインフラの状況」（2010年12月）
・日本銀行「国際金融危機の教訓を踏まえたリスク把握のあり方」（2011年3月）

■第4章
・行方洋一「コンプライアンス態勢の監査」（日本金融監査協会研修セミナー資料、2012年4月）
・行方洋一・宇佐美豊・尾川宏豪「改訂金融検査マニュアル下の内部管理態勢Q＆A」（金融財政事情研究会、2007年11月）
・行方洋一・早坂文高・尾川宏豪「金融機関の顧客保護等管理態勢」（金融財政事情研究会、2008年3月）

■第5章
・福島雅宏「システム監査の基礎」（日本金融監査協会研修セミナー資料、2013年2月）
・FISC「金融機関等のシステム監査指針（第3版）」（2007年3月）

KINZAIバリュー叢書
内部監査入門

2013年5月9日	第1刷発行
2022年12月6日	第8刷発行

編　者　日本金融監査協会
発行者　加　藤　一　浩
印刷所　三松堂株式会社

〒160-8520　東京都新宿区南元町19
発　行　所　一般社団法人 金融財政事情研究会
　編集部　TEL 03(3355)2251　FAX 03(3357)7416
販　　売　株式会社きんざい
　販売受付　TEL 03(3358)2891　FAX 03(3358)0037
　URL https://www.kinzai.jp/

・本書の内容の一部あるいは全部を無断で複写・複製・転訳載すること、および磁気または光記録媒体、コンピュータネットワーク上等へ入力することは、法律で認められた場合を除き、著作者および出版社の権利の侵害となります。
・落丁・乱丁本はお取替えいたします。定価はカバーに表示してあります。

ISBN978-4-322-12117-9